Neue Chakren für den Übergang

Nicole Valentine

Neue Chakren für den Übergang

Gechannelt von Telane – einem atlantischen Priester

HANS-NIETSCH-VERLAG

Für Johannes, wo auch immer du bist

Lektorat: Anja Fietz
Abbildungen: Leiv Donnan; Pixel Werbeagentur, Isernhagen
Umschlaggestaltung: Constanze Sträter
Innenlayout und Satz: Hans-Jürgen Maurer
Kartengestaltung: Matthias Bruhn; Pixel Werbeagentur, Isernhagen

Hans-Nietsch-Verlag
Am Himmelreich 7
79312 Emmendingen

www.nietsch.de
info@nietsch.de

ISBN 978-3-939570-91-2

Inhalt

PRAKTISCHER TEIL

Wie alles begann …

Meine Chakraarbeit beruht auf den Erkenntnissen von Karla McLaren, die sie in ihrem leider nur auf Englisch erhältlichen Buch *Your Aura & Your Chakras* beschrieben hat. Auf einer Gesundheitsmesse in Melbourne, Australien, im Jahr 2001 fiel mir dieses Buch durch Zufall in die Hände. Dort entstand auch mein erstes Aurafoto. Das Buch überlebte drei Umzüge und fristete bis Anfang 2006 ein „ungelesenes" Dasein in meinem Bücherregal. Von 2004 bis 2006 lernte ich als Assistentin bei einem Engelmedium Chakraarbeit und war im Februar 2006 plötzlich damit konfrontiert, dass eben dieses Engelmedium ihren Kurs drei Stunden vor Beginn absagte und im selben Atemzug unsere Zusammenarbeit aufkündigte.

Zu diesem Zeitpunkt war „Demut" ein großes Thema in meinem Leben, wie bei so vielen auch, und so gab ich die Entscheidung, ohne sie weiterzumachen, getreu dem Grundsatz „Dein Wille geschehe" an den Kosmos ab. Wir hatten schon mehrfach die Erfahrung gemacht, dass diverse Seminarteilnehmer trotz wiederholter Ankündigung nebst Wegbeschreibung und der Erfindung des Mobiltelefons nicht imstande waren, pünktlich oder überhaupt zu dem Einführungsseminar über Chakraarbeit zu erscheinen. Also war ich gespannt, wie es diesmal sein würde.

Als es sechs Uhr wurde, waren alle Teilnehmer ohne Behinderungen oder auch nur die kleinste Verspätung erschienen. Das bestärkte mich darin, dass ich auf dem richtigen Weg war. Um nicht im alten Stil zu unterrichten, ließ ich das Wissen aus Karla McLarens Buch *Your Aura & Your Chakras* in meine Kurse einfließen. Die Übungen werden von mir fortwährend erweitert und ergänzt und so den energetischen Gegebenheiten angepasst. Mit der täglichen Chakraarbeit nahmen meine Hellsichtigkeit und meine Hellhörigkeit kontinuierlich zu und ich begann mich von meinen göttlichen Helfern anleiten zu lassen, bis schließlich der atlantische Priester Telane in mein geistiges Leben trat. Durch die Bücher von Tashira Tachi-ren und anderen Autoren wusste ich recht bald, dass es noch höhere Chakren gab. Von September 2007 bis Mai 2008 erhielt ich die Durchsagen zu den Chakren der neuen Dimension, die ich in diesem Buch zum Wohle aller weitergeben soll.

Nicole Valentine
Im Sommer 2010

Einführung von Telane

Dieses Buch soll entstehen, damit es der Menschheit leichter fällt, in die nächsthöhere Dimension aufzusteigen. Wer sich bereits seit Jahren auf den Weg gemacht hat, wird vielleicht einiges wiedererkennen, anderes wiederum nicht.

Ich bin Telane, der Priester aus Atlantis, der die Ewigkeit in sich trägt und euch allen beim Aufstieg gern behilflich ist. Ich habe Nicole ausgewählt, mir als Kanal zu dienen, da sie über eine sehr schnelle Auffassungsgabe verfügt und sich sehr intensiv mit dem Prozess der Chakrenklärung befasst hat. Sie ist eine Meisterin darin, die Chakren zu begradigen und somit die Frequenzen Schritt für Schritt zu erhöhen. Gleichzeitig ist sie in der Lage, die Werte und die Ethik, die mit dem Öffnen dieser Chakren einhergehen, zu vermitteln: eine große Lehrerin unserer Zeit und ein AVATAR* des Aufstiegs. Deshalb folge ihr in den Anweisungen, es wird nicht zu deinem Schaden sein.

So beginnen wir, wo der Anfang ist: bei der Erdung, denn diese ist in den kommenden Jahren nicht einfach zu meistern. Wie bereits von Tashira Tachi-ren und Erzengel Ariel übermittelt, verfügt das menschliche System über ein Alpha- und ein Omega-Chakra, welche wir zur Steuerung unserer Schwingungen benötigen. Diese Chakren sind der End- und der Anfangspunkt für die Rotationen der Chakren und ihre energetischen Frequenzen. Diese sollten allmählich erhöht werden, was nur durch das Auflösen der dazugehörigen Themen des jeweiligen Systems bzw. der Seele möglich ist. Daher ist es ein Leichtes, diese Chakren für den Übergang zu öffnen, wenn die Ar-

---

* Wörter, die bei ihrem ersten Erscheinen in Kapitälchen gesetzt sind, finden Sie im Glossar am Ende des Buches, Seite 161 ff., erläutert.

beit mit dem Erkenntnisprozess über die Gesetze des Karmas einhergeht. Wir sind hier, um zu lieben und zu lernen – sonst nichts. Die Liebe ist die universelle Essenz, um alles zu transformieren, daher ist es so wichtig, dass die Herzensbildung rechtzeitig einsetzt und man sich der üblichen Manipulationen und Machtkämpfe jeglicher Art enthält. Die neue Erde und ihre Gesellschaftsform sind auf das Lieben ausgerichtet und nicht auf Hass, Rache und Gewalt. Diese Emotionen wurden hinlänglich erforscht und sollten nicht länger im Mittelpunkt stehen. Diese Zeit ist vorbei, die Übergangsjahre zum goldenen Zeitalter stehen bevor, daher wenden wir uns zunächst der alten Erde, die ihr „Gaia" nennt, zu.

Gaia hat – wie bereits hinlänglich dokumentiert – ihre Frequenzen, Gitter und Schwingungen verändert und den Übergang vorbereitet. Seit August 2007 befindet sich Gaia in den unteren Schichten der 5. Dimension und wird am 20. Dezember 2012 an dem Platz angekommen sein, der für sie vorgesehen ist. Alle Systeme werden über die Übungen und Lernaufgaben seit Jahren stetig an diese Veränderung angepasst. Einige sind sich vielleicht nicht darüber im Klaren, aber die Hinwendung zum Guten findet immer mehr Halt in der heutigen Gesellschaft und immer mehr Menschen wenden sich in irgendeiner Form der Spiritualität zu. Nicht umsonst geht jemand wie Hape Kerkeling auf den Jakobsweg. Diese Dinge ereignen sich nicht aus purem Zufall, sie sind für einen bestimmten Zeitpunkt geplant worden, und Hape war sich damals nicht bewusst, was er mit seiner Reise auslösen würde, aber viele sind ihm auf dem Weg gefolgt und werden noch nachfolgen. Daher überleg auch du, welches dein Weg ist, denn es gibt viele und keiner ist falsch oder richtig. So urteilen wir nicht. Das alte Spiel von Schwarz und Weiß ist bald vorbei, es gibt nur noch Richtig und Wichtig, egal worauf es später hinausläuft.

Die Neuen Kinder haben sich auf dieser Erde eingefunden, damit sie euch beim Aufstieg behilflich sind. Sie erhöhen bereits mit ihren Gittern die Schwingung der gesamten Menschheit, bewusst oder unbewusst. Sie bringen die neuen Energien und Gedankenformen in das morphische Gitter und Feld hinein. Daher können sich diese auch immer schneller und weiter ausbreiten, damit es Gaia diesmal gelingt, sich ohne Untergang zu verändern. Dies ist ein einmaliger Vorgang und ihr solltet es als enorme Ehre betrachten, dabei sein zu dürfen, denn nicht jede Seele wurde dazu auserwählt, für diese Aufgabe hinabzusteigen. Viele wurden zurückgewiesen, denn es bedarf der Spezialisten für dieses Tun.

Also, die energetische Verbindung zu Gaia über die Erdung sollte *leicht* sein, damit sie sich unter euch transformieren kann. Daher bitten wir euch, euch nicht mehr direkt mit den Wurzeln über eure Fußchakren in Gaia zu erden. Es ist eine zu große Belastung für sie, eure negativen Energien und Gedanken zu transformieren, ohne dass ihr Gaia dafür zusätzliche Energie zur Verfügung stellt. Sie benötigt jetzt viel elektrisch-hellblaues Licht, um all die Ängste und Sorgen der Menschen zu transformieren. Wenn ihr also noch auf der alten Erdung in Form von kräftigen Wurzeln besteht, dann habt Verständnis dafür, dass euer Weg steinig sein wird, denn ihr werdet jede Bewegung, jede Veränderung von Gaia miterleben und sämtliche Bewegungen der anderen, die diesen Weg gewählt haben.

Besser wäre eine Erdung über das Omega-Chakra, welches sich circa 40 Zentimeter unterhalb eures Steißbeins befindet. Bittet um die Anbindung an das obere HOLOGRAFISCHE GITTERNETZ der Erde, denn es passt sich alle sechs Monate den derzeitigen Gegebenheiten an. Ein aufmerksamer Beobachter wird feststellen, dass schon sieben Gitter unter euren Füßen weggebrochen sind bzw. sich aufgelöst haben und darüber von den Erbauern des Gitters (Kryon und seinen Legionen) immer wieder ein aktuelles erschaffen wird, das den neuen Gegebenheiten entspricht. Gaia verändert sich in den nächsten Jahren rasend schnell und es wird sehr viel Unruhe auf der Erde herrschen, daher ist es umso wichtiger, eine gute Erdung in den

Gittern vorzunehmen, vor allem für die Neuen Kinder, die große Schwierigkeiten mit der alten Dichte durch die drittdimensionalen Rückstände haben. Jeder, der noch über die dritt-dimensionalen Chakren verfügt, trägt zum Festhalten dieser alten Energie bei. Daher ist meine Bitte an euch, diese Chakren zu transformieren und absteigen zu lassen. In den Beinen und Füßen werden sie sich langsam zurückbilden und um 2024 vollends verschwunden sein.

Die Erdung über Omega wird vielen Lichtarbeitern eine Freude sein und besonders den luftigen und feurigen inkarnierten Elementaren sowie den Sternenmenschen, die sowieso die Leichtigkeit bevorzugen. Diese sind dann sicherer in dem, was sie tun.

Daher schließe jetzt die Augen und begib dich in die ZENTRIERUNG. Bleib mit deiner Aufmerksamkeit und deinen Gedanken bei dir. Öffne dein Drittes Auge, so weit du kannst, und auch dein Kronenchakra sowie dein 2. Chakra, damit du sehen, wissen und fühlen kannst, was jetzt vor sich geht.

Richte nun deine Aufmerksamkeit auf dein Omega-Chakra und bitte um die Anbindung an das *oberste* holografische *Gitter* von Gaia. Sehe, fühle oder wisse, wie du zu diesem Gitter eine Verbindung legst. Es können Strahlen des Lichtes sein oder stabile, metallartig schimmernde Verbindungen. Die Möglichkeiten sind vielfältig. Es wird einfach entstehen. Wenn du dich mit völliger Sicherheit sieben Tage lang im Omega-Chakra geerdet hast, bitte die göttlichen Helfer, die dir zur Verfügung stehen, dass sie die Wurzeln des alten Spiels von dir und Gaia transformieren mögen, damit diese Verbindung in den alten Strukturen verändert wird. Gaia braucht Luft zum Atmen. Sie hat euch alle so lange geduldig getragen und wird der Aufgabe müde, deshalb helft auch ihr ihr, sich zu verändern, mit aller Geduld und Liebe.

Zum Transmutieren der Energien aus euren Körpern bittet die violette Flamme, diese rückstandsfrei zu verbrennen, und auch die ELOHIM DER GNADE werden euch gern mit ihrem silbernen Licht zur Verfügung stehen. Es besteht kein Grund mehr, alte verbrauchte Energien in Gaia einzuleiten, die Zeiten sind vorbei. Bitte bemüht euch, sie nicht weiter zu belasten.

Jetzt legt eine silberne Verbindung zu eurem 1. Chakra und dann zum 2. und so weiter, bis ihr bei eurem Kronenchakra angekommen seid. Öffnet die Verbindung zu eurem Höheren Selbst (8. CHAKRA), sofern sich dies noch außerhalb eurer Aura befindet. Versucht, seine Lage zu erspüren oder zu sehen, denn es wird dort bald nicht mehr sein. Bittet euer Höheres Selbst, euch beim Abstiegsprozess der Chakren zu unterstützen; dies kann mit großen körperlichen Schmerzen verbunden sein, wenn die karmischen Rückstände nicht zu einem Großteil aufgelöst sind. Das sind die Erinnerungen aus euren Vorleben, eure Glaubenssätze, eure Erkennungsmarken für die andern, die mit euch diese Inkarnationen durchschreiten. Seht oder fühlt die Kristalle, die Platten, die Griffe, die Steine und Klappen in der Aura und all die Dinge, die ihr auch für die anderen tragt. Es dauert lange, wenn man alles allein auflösen will (Nicole kann ein Lied davon singen, aber sie wollte ganz genau wissen, wie dieser Prozess vor sich geht). Sie hat sich so lange mit dem Spiel des Lebens beschäftigt, bis sie endlich jede Kleinigkeit erfasst hat. Jetzt ist sie eine Meisterin darin, die Zusammenhänge zu erkennen.

Wenn ihr also darum gebeten habt, dass der Chakrenabstieg beginnen soll, dann wäre es von Vorteil, wenn ihr euch die nächsten drei Wochen Zeit nehmen würdet, um eure karmischen Rückstände zu transformieren und zu reinigen – und damit meine ich *alles*. Bitte sucht die Quelle auf und das Licht. Gebt eure Aufträge persönlich bei den HERREN DES KARMAS ab und stellt sicher, dass auch alles, was ihr mit euch tragt, dort ankommt. Wir stellen immer wieder fest, dass viele von euch Erkenntnisse gesammelt haben, das ist schön und gut, aber die Konsequenzen fehlen, das heißt die Umsetzung im täglichen Leben. Lasst es mich am Beispiel von Johannes erklären:

Vergebung und die Akasha-Chronik

Johannes ist ein wütender Mensch, denn als Kind musste er einen dominanten Vater und eine weinerliche Mutter erdulden. Mit sechsundvierzig Jahren wandte er sich dem Yoga zu und erkannte, dass er durch seine Eltern immerhin viele Dinge gelernt hatte. Durch seinen Vater hatte er Disziplin gelernt, denn ohne sie setzte es zu Hause Schläge. Johannes war es gar nicht aufgefallen, wie sehr er diese Herzensqualität auf eine nicht so angenehme Weise in sich erweckt hatte. Die Disziplin nützte ihm jetzt beim Üben der Yoga-Positionen sehr. Auch die schwierigsten Übungen praktizierte er mit Geduld und Ausdauer, bis er sie gemeistert hatte. Damals wunderte er sich oft, woher diese Gabe kam. Seine Mutter hingegen hatte ihm sein ganzes Leben lang leidgetan. Er sah sie oft in Tränen aufgelöst, die ihn tief rührten und sehr hellfühlig werden ließen. Er fragte sich zuweilen, ob es seine eigenen Emotionen waren, die ihn oft aus dem Nichts überfielen, oder ob er einfach nur sein Umfeld wahrnahm. Beides ergab einen Sinn.

Mit fünfzig ging er zu einem Heiler und Familienaufsteller, der ihm erklärte, warum er sich gerade diesen Vater und diese Mutter für seine Erfahrungen ausgesucht hatte. Da wurden ihm viele Dinge verständlich, über die er sich den Kopf zerbrochen hatte. Beide Eltern lebten zu diesem Zeitpunkt nicht mehr, dennoch machte er sich auf den Weg der VERGEBUNG und söhnte sich mit ihnen aus, denn er hatte endlich den eigentlichen Grund verstanden. Da stand er nun und trug all die Schuld und das Leid in seinen Händen, aber er wusste nicht, wohin damit, so ließ er die Hände sinken und die ganze Schuld und das ganze Leid glitten in seine Aura und von dort zu Gaia, die sich damals gnädig dieser Energie annahm.

Aber Johannes besaß noch die Verträge und Gelübde, die er gegenüber seinen Eltern vor seiner Geburt abgelegt hatte. Diese waren immer noch wirksam und er würde sie nicht weiter einhalten und mitnehmen können. Aber wohin damit? Da zeigte ihm der Heiler in einer Meditation den Weg zu Gott und den Seinen. Johannes erblickte Stufen vor sich, die geradewegs nach oben und zu einer Tür führten, zum Tor zur Akasha-Chronik. Endlich wusste er, wo er die Pergamentrollen, Bücher und Verbindungen zu seinen Eltern abgeben konnte, damit sie alle endlich vom Karma befreit würden. Er klopfte an die Tür und öffnete sie zaghaft. Er war geblendet von dem gleißend weißen Licht, das ihn empfing, und hielt schützend die Hände vor die Augen. Nun erkannte er in der Helligkeit einen Tisch. Daran saß jemand und lächelte ihn an.

„Hallo Johannes, wie gut, dich hier zu sehen. Hast du mir etwas mitgebracht?", sagte der Jemand. Johannes war zunächst sprachlos und zögerte. Aber die Pergamentrollen und Bücher, die er trug, drückten schwer und er wollte sie endlich loswerden. So fasste er sich ein Herz und trat vor. „Ich habe hier die Verträge und Aufzeichnungen über die Erfahrungen mit meinen Eltern, und ich würde sie dir gern zurückgeben, wenn das geht", begann Johannes etwas unsicher. „Komm ruhig näher", antwortete der Jemand. Johannes ging jetzt mit festen Schritten nach vorn an den Tisch und legte alles ab, was er in Händen hielt. Dabei stellte er zu seiner Überraschung fest, dass noch zwei Lichtwesen hinter ihm standen, die Kisten über Kisten und Säcke über Säcke mit Gegenständen und einzelnen Büchern hinter ihm abstellten. Ja, Johannes war eine fleißige Seele gewesen und hatte viele Erfahrungen über die Zyklen gesammelt, aber es war an der Zeit, diese endgültig abzuschließen und der Chronik zur Verfügung zu stellen. Wie sollte Gott sonst wissen, wie es ist, seinen Vater ein Leben lang zu hassen, weil man nicht wusste wieso, weshalb und warum er so sein sollte?

Der Jemand nickte verständnisvoll, denn er schien Johannes' Gedanken zu lesen. Johannes errötete und der Jemand schmunzelte. Scham war auch ein Teil der Erfahrung gewesen, die aber hier an diesem Ort keinerlei Bedeutung hatte; hier gab es keine Schuld.

Der Jemand nickte erneut und begann Anweisungen zu geben, die Kisten, Säcke und Bücher ins Archiv zu schaffen und zu verstauen. Derweil machte sich der Jemand daran, in einem großen goldenen Buch zu radieren, Zeile um Zeile und Seite um Seite, bis er fast neunzehn Seiten gelöscht hatte. Einige riss er auch ganz heraus und verbrannte sie in einer violett-weiß-goldenen Flamme. Johannes beobachtete dies mit großer Neugier. Nach einer Weile, Zeit schien hier ebenfalls keine Rolle zu spielen, drehte der Jemand das Buch zu Johannes um. Johannes schaute ihn verwundert an; was sollte das bedeuten? Der Jemand lächelte, denn ihm war dieser Blick schon oft begegnet: „Dies ist eines deiner Karmabücher, Johannes. In diesen Büchern sind alle deine Aufgaben, Verträge und Gelübde des Dienens und der Hingabe aufgezeichnet. Alles, was du dir hier vorgenommen hast. Jedes Mal wurden die Bücher umfangreicher oder ein neues wurde beschrieben, jetzt sollen diese Eintragungen endgültig gelöscht werden, da du sie nicht mit in die neue Dimension nehmen kannst. Wir haben euch alle Aufgaben und Aufträge schon längst erlassen, aber ihr seid so daran gewöhnt, dass ihr diese zwar transformiert, sie aber nicht hier bei uns austragen lasst. Es wird Zeit, daher würden wir uns freuen, wenn wir dich hier recht häufig sähen, damit wir deine Bücher schließen können." Nun hatte Johannes verstanden. Es war sein Buch des Schicksals, welches er sich selbst geschrieben hatte. Wie wunderbar, dass er jetzt endlich wusste, wo er all die Gegenstände, die er bei sich trug, lassen konnte. Er versprach dem Jemand, so bald wie möglich wiederzukehren, und drehte sich um. Der Jemand sagte: „Willst du nicht sehen, was du damals bei uns dafür hinterlegt hast?" – „Was meinst du damit?", fragte Johannes „Jedes Mal, wenn ihr in die nächste Stufe der Zyklen eingetreten seid, um eure Erfahrungen umzusetzen und Aufgaben zu erfüllen, lasst ihr etwas von eurer Seele hier. Eine Qualität oder einen Gegenstand, denn sonst wäre es euch nicht möglich, das anzugehen, was ihr Erdenleben nennt." – „Hm, was habe ich denn hiergelassen?", fragte Johannes etwas unsicher. „Hier, das sind deine Flügel, die du als Erdenengel brauchst, um dem Aufstieg zu dienen. Indem du sie trägst, erklärst du dich bereit, Gaia zu unterstützen und zu schützen. Willst du das?" – „Ja", sagte Johannes, etwas verwundert über seine Selbstsicherheit, und im nächsten Augenblick spürte er das Gewicht der Flügel auf seinem Rücken. „Bin ich jetzt ein Engel?" – „Nein, nicht so wie ihr es auf der Erde definiert. Die Flügel stehen nur für deine neuen Aufgaben." Der Jemand lächelte erneut und überreichte Johannes noch einen rosafarbenen Kristall, der so groß war wie seine Faust. „Und was ist das?", fragte Johannes. „Das ist einer deiner drei Herzkristalle, welche du benötigst, um dich und andere Seelen auf der Erde bedingungslos zu lieben. Du hattest ihn bei deinem Vater gelassen, aber er konnte ihn dir vor seinem Tod nicht mehr zurückgeben, da ihr euch nicht ausgesöhnt hattet." Johannes zuckte kurz zusammen und fühlte erneut den Schmerz in seinem Herzen, den er damals hatte, als ihm die Nachricht vom Tode seines Vater überbracht wurde. Herzinfarkt, beim Bäcker zusammengebrochen, jede Hilfe wäre zu spät gewesen. Und das nach Jahren des Schweigens zwischen ihnen. Johannes hatte immer gehofft, dass es irgendwann doch noch einen guten Moment geben würde, aber dieser Moment war nie gekommen. Eine Träne lief ihm die Wange herunter. Hatte er jemals um seinen Vater geweint? Er wischte sich trotzig das Gesicht, als er plötzlich merkte, dass ihm jemand auf die Schulter tippte. Erschrocken drehte er sich um. Neben ihm stand die Seele seines Vaters. Sie trug den Herzkristall in seiner linken Hand und lächelte Johannes liebevoll an. „Mein Sohn, hast du mich endlich gefunden!" Johannes schluckte; dann sah er seinen Vater dankbar an. „Was ich dir schon immer sagen wollte ...", stammelte er. Sein Vater lächelte nur milde und sagte: „Ich weiß, ich war immer bei dir, aber jetzt kann ich nicht länger warten. Bitte lass mich nun los, damit ich meine Reise fortsetzen kann." – „Wie soll ich dich loslassen, du bist doch schon tot?" – „Indem du mir vergibst." – „Habe ich das nicht schon beim Heiler getan?" – „Nein, das kam nicht von deinem Herzen, sondern von deinem Verstand. Siehst du, wenn es nicht von Herzen kommt, dann hat es hier keine Bedeutung. Du musst schon fühlen, was du sagst." – „Das verstehe ich nicht", erwiderte Johannes. „Johannes hast du vorhin gesehen, wie oft wir uns diese Lernaufgabe schon gemeinsam vorgenommen haben? Wie viele Inkarnation wir schon das gleiche Spiel miteinander spielen?" Johannes' Vater blickte den Jemand an und dieser antwortete, ohne zu zögern: „Zweitausendsechshundertvier Mal. Johannes hat dich darum gebeten, ihm als Erfahrungspartner zur Verfügung zu stehen." Jetzt wurde Johannes zum ersten Mal in diesem Leben bewusst, dass er selbst seinen Vater gebeten hatte, ihm das zu sein, was er für ihn gewesen war. Denn Johannes' Seele wollte schon immer die Erfahrung machen, mit einem dominanten Vater zurechtzukommen, und außerdem Disziplin üben. Ihm wurde klar, dass die Seele seines Vaters ihn so sehr liebte, dass sie in all diesen Inkarnationen die Rolle des Widersachers übernommen hatte. Ja, es war so weit, diesen Vertrag aufzulösen, er hatte genug gesehen, gelernt und gelitten. Wie hatte der Jemand doch gesagt: „Ihr könnt das Karma nicht mit in die nächste Dimension nehmen." Jetzt hatte Johannes verstanden. Er umarmte die Seele seines Vaters und drückte sie fest an sich (sofern das hier möglich war) und flüsterte ihr ins Ohr: „Ich vergebe dir alles, was du mir angetan hast – von ganzem Herzen und ganzem Verstand." Dabei öffnete sich sein Herzchakra wie von selbst und der Kristall glitt an die ihm bestimmte Stelle und begann zu leuchten. Johannes' Vater lächelte, tippte sich zum Gruß an die Stirn und schritt in das gleißende Licht. Johannes hörte noch in seinem Kopf: „Ich danke dir für deine Liebe, bis bald."

Der Jemand lächelte und schloss das Buch, das vor ihm lag. Johannes verschlug es erneut die Sprache und ein seltsames Pulsieren durchfuhr seinen Körper. Er nickte dem Jemand zu und machte sich wieder auf den Weg nach unten ... eine Treppenstufe nach der anderen, bis er wieder mit dem Heiler im selben Raum stand.

In den nächsten drei Wochen nahm Johannes jede Gelegenheit wahr, die Stufen hinaufzugehen und dem Jemand seine Erfahrungen, Aufgaben und Verträge zu übergeben. Bei jedem Besuch ließ er Kisten, Säcke und Bücher zurück, und bald rannte er die Stufen hinauf, während er darauf achtete, dass seine göttlichen Helfer ihm mit all ihrer Last folgten, die sie für ihn trugen.

Nach einer Woche begegnete ihm seine verstorbene Mutter. Diesmal war ihm der Vorgang schon vertrauter, und wieder vergab er einer treuen Seele, die er seinerzeit gebeten hatte, ihm das zu sein, was er brauchte, um seine Erfahrungen zu sammeln. In tiefer Dankbarkeit nahm er den etwas kleineren Herzkristall (siehe KARMISCHE STRUKTUREN) entgegen, den seine Mutter für ihn getragen hatte, und auch dieser glitt an seinen Platz auf dem goldenen Ring in seinem Herzchakra. Das sanfte Licht durchströmte ihn wie beim ersten Mal, aber es wurde schon intensiver. Schon nach dem Erhalt des ersten Herzkristalls war ihm aufgefallen, dass er dadurch auf der Erde mit mehr Liebe sprechen konnte. Er bezeichnete sich selbst nicht mehr als Versager und Angsthase. Er begann sanfter zu sich und seinem Inneren Kind zu sprechen und mehr aus dem Herzen heraus zu handeln. Wie würde es diesmal sein, da er nun den zweiten Kristall mit zart perlmuttfarbenem Licht in seinem Herzen trug? Er lächelte bei dem Gedanken, wie sich wohl seine weitere Veränderung auf seine Arbeitskollegen und seine Frau Evelyn auswirken würde. Wie würden sie diesmal auf ihn reagieren?

Er stellte fest, dass ihm dieses Auflösen inzwischen gefiel, es machte ihn glücklich und er fühlte sich befreit. Indem er die Verträge erkannte, die er mit seinen Mitmenschen hatte, vermochte er sie mit völlig anderen oder besser mit „neuen Augen" zu sehen. Er empfand sie nicht mehr als lästig und als Bürde, die ihm in seinem Leben auferlegt worden war, sondern als liebevolle Mitspieler, wobei jeder eine bestimmte Aufgabe übernommen hatte, sodass er von ihnen lernen konnte. Dienten sie als Lehrer zur Abgrenzung gegen energetische Manipulation und zur Energiegewinnung? Waren sie Spiegel für Emotionen wie Wut, Ärger, Angst, Neid und Eifersucht? Oder musste er mit einem wissenden Seufzen erkennen, dass er diese Seele schon seit Äonen kannte und es das abertausendste Mal war, dass sie sich mit derselben Lernaufgabe begegneten? Es wurde von Woche zu Woche und von Situation zu Situation leichter.

So löste Johannes immer mehr karmische Verträge, Gelübde und Versprechen auf und erschien fast täglich bei den Herren des Karmas. Er stapelte auf, was er loslassen konnte. Jedes Mal fühlte er sich großartig, denn auf merkwürdige Weise verschwanden die grauen, bleiernen Platten, die Haltegriffe und Klappen aus seinen Körpern, die er als energetische Entsprechung der Emotionen und Erfahrungen aus den Vorleben immer deutlicher wahrgenommen hatte. Er fand auch immer weniger schwarze Klumpen, die hauptsächlich in seinem Emotionalkörper zu sitzen schienen, und Kristalle in seiner Aura (siehe KARMISCHE STRUKTUREN). Seine Felder begannen immer schneller zu rotieren.

Im Gegenzug gab ihm der Jemand eine Landkarte mit Kompass und Zirkel für seinen Lebensweg. Das Mal darauf folgte sogar sein Himmelslicht, das er für die Quelle trug, also seine Lebensaufgabe. Dies machte ihn über alle Maßen froh und glücklich.

Abstieg der neuen Chakren

Durch meine Arbeit in der Reinkarnationstherapie hatte ich häufig Gelegenheit, in verschiedenen Dimensionen gleichzeitig zu arbeiten, auch sind Sternenreisen für mich nichts Unbekanntes. Daher schien mir die Erklärung von Telane, dass der Mensch für jede Dimension auch den entsprechenden Satz von Chakren benötigt, nur allzu verständlich. Aus der Dimensionsverschiebung der Erde im Jahr 2012 folgt die logische Konsequenz, dass sich auch das Chakrensystem des Menschen diesen neuen Gegebenheiten anpassen sollte. Aus diesem Grund vergleiche ich das Chakrensystem gern mit dem Betriebssystem einen Computers, das eine ähnlich schnelle Fortentwicklung erfährt wie unser LICHTKÖRPER derzeit. Weitere Einzelheiten sind im praktischen Teil, Seite 123ff., zu finden.

Zum besseren Verständnis für den Leser sei vorab gesagt, dass mir sämtliche für die Hauptchakren 9 bis 15 verwendeten Namen von Telane aus dem Atlantischen übermittelt wurden. Prinzipiell beinhalten diese weiterführenden Chakren dieselben Aufgaben und Qualitäten wie die drittdimensionalen Chakren 1 bis 8, allerdings werden diese durch die Aktivierung und den Austausch gegen die viertdimensionalen Chakren noch vertieft und verfeinert. Nur beim 11. Chakra (Rana Tanyo) gibt es eine wesentliche Einschränkung, was unter dem Abschnitt „Rana Tanyo – das 11. Chakra", Seite 49ff., erklärt wird.

Eines Morgens, nach etwa drei Wochen, wachte Johannes auf und wusste, dass nun der Chakrenabstieg einsetzen würde. Zunächst machte er sich nur durch ein leichtes Ziehen in der Lendengegend bemerkbar, aber bald darauf wurde es richtig unangenehm, sodass er sich schließlich für drei Tage beurlauben ließ und nach Hause fuhr. Er schlief, wenn er müde war, und betete oder meditierte, wenn ihm danach war. Seine Frau Evelyn war ebenfalls spirituell erfahren und hatte daher Verständnis, dass ihm dieser Prozess so wichtig war, und unterstützte ihn. Während ihrer Schwangerschaft mit ihrem Sohn hatte sie diesen Abstieg selbst erfahren, wodurch sie die Schwingung des Neuen Kindes mittragen konnte. Sie wusste also, was geschehen würde.

Zunächst schoben sich die Chakren 9 und 10 durch das Kronenchakra hindurch in Johannes' Lichtkörper hinein, was zu leichten Kopfschmerzen und einer verstopften Nase bei ihm führte. Zwölf Stunden später kamen das 11. bis 14. Chakra nach. Sie legten sich direkt hinter die dazugehörigen Chakren 3 bis 7 und das löste starken Durchfall aus. Ihm blieb nichts anderes übrig, als den Prozess mit viel klarem Wasser, Schlaf und langen, aber leichten Spaziergängen zu unterstützen. Nach drei Tagen war endlich alles an seinem Platz; das war zwar noch etwas ungewohnt für ihn, aber angenehm. Nach dieser anstrengenden Prozedur gewährte sich Johannes noch eine zweitägige Pause, bevor er seine Meditation wieder aufnahm.

Im Folgenden werden zuerst die körperlichen Chakren 9, 10, 11 und das Herzchakra (das 12. Chakra), das man als Brücke zwischen den körperlichen und den spirituellen Chakren bezeichnet, vorgestellt. Die spirituellen Chakren 13, 14 und 15 finden Sie ab Seite 79 beschrieben.

Santiya

Das 9. Chakra ist die Verbindung zur Neuen Erde Gottes.

Um das 9. Chakra zu öffnen, brauchte Johannes nicht viel. Der Jemand hatte ihm seine Flügel zurückgegeben und intuitiv wusste er, dass er dadurch zum Hüter der Erde geworden war. Und so wollte Johannes durch den Dienst an Gaia unter Beweis stellen, dass er der Flügel auch würdig war. Indem er diesen Gedanken in die Tat umsetzte, würde es ein Leichtes sein, das 9. Chakra, welches auch „Santiya" genannt wurde, zu öffnen. Er fing gleich in seiner eigenen Wohnung an und befreite sie von alten Erinnerungen. Rigoros ging er alle Kisten im Keller und auf dem Dachboden durch. Alles, was leidvolle und negative Erinnerungen trug, wurde von ihm transformiert. Noch gut erhaltene Sachen brachte er zu Hilfsorganisationen, verschenkte sie an Nachbarn, Kollegen und Bedürftige oder verkaufte sie. Unbrauchbares wurde auf dem Wertstoffhof entsorgt. Alte Briefe und Bilder, die ihn festhielten, verbrannte er in einem Ritual. Nachdem in seinem Haus nichts mehr zu finden war, was eine niedrig schwingende Emotion enthielt, machte er draußen auf seinem Grundstück weiter. Der Garten wurde außerdem nach ökologischen Gesichtspunkten umgestaltet, und Johannes und seine Frau pflanzten viele heimische Pflanzen und Blumen, die vor allem vom Kleinen Volk, den Elementarwesen, heiß geliebt wurden. Links neben der Eingangstür stand bald ein Kübel mit einem Holunderbusch, um zukünftig niedrig schwingende Energien vom Haus fernzuhalten. Jeden Tag widmete sich Johannes mehr der liebevollen Fürsorge für seinen Planeten, auf dem er jahrelang achtlos gegenüber der Natur gelebt hatte. Ihm wurde von Tag zu Tag mehr bewusst, wie wunderbar die Schöpfung unser galaktisches Zuhause gestaltet hatte. In allem und jedem erblickte er die bedingungslose Liebe der Schöpfung. Bald zeigten sich die ersten Mitglieder vom Kleinen Volk und begannen den Garten zu besiedeln, denn sie wussten, dass man sie hier nicht absichtlich oder unabsichtlich vertreiben und überdies mit Respekt behandeln würde. Im Gegenzug begannen sie, Schädlinge und Unkraut vom Garten fernzuhalten, und die Büsche, Blumen und Bäume blühten und wuchsen bald in Hülle und Fülle. In seiner Meditation entdeckte Johannes recht schnell, dass sich die Rose, die sein 9. Chakra symbolisierte, zaghaft zu öffnen begann, denn er und seine Frau hatten nicht nur gelernt, für sich selbst Verantwortung zu übernehmen, sondern auch für ihr Umfeld, ihre Gedanken sowie ihr Eigentum und für Gaia.

Santiya bedeutet „heilige Mitte" und befindet sich unterhalb des Schambeins, dort, wo zuvor das 1. Chakra lag. Das reine Chakra, das frei von niederen Frequenzen schwingt, ist perlweiß mit einem Hauch von Rosé. Dieses Chakra wird dem Hypothalamus, der Hirnanhangsdrüse, zugeordnet.

Die Aufgabe dieses Chakras besteht darin, die Verbundenheit mit der Menschheit und die Liebe zu Mutter und Vater Erde zu vertiefen. (Der männliche Aspekt der Erde wird in den nächsten Jahren der Balance vermehrt in Erscheinung treten.) Das Chakra sollte sowohl mit eurem Herzen als auch mit eurem Verstand verbunden sein, weil es zu einem allgemeinen Umdenken in Hinblick auf die Erde kommen muss. Es öffnet sich, sobald ihr die Verantwortung für euch selbst, für eure Mitmenschen und die Umwelt übernehmt. Dies stellt für alle eine Notwendigkeit dar, wenn der Planet Erde überleben soll. Das planetare Wissen hierzu strömt schon jetzt über das 11. bis 9. Chakra ein und macht den Menschen somit zum Hüter der Erde.

Gaia ist es müde geworden, den Menschen wie bisher zu dienen, daher wurde es ihr im Rahmen der Harmonischen Konvergenz gestattet, in die fünfte Dimension aufzusteigen, sonst hätte sie sich schon vor geraumer Zeit vermehrt ihrer Bewohner durch Naturkatastrophen entledigt. Daher ist es wichtig, dass wir uns endlich als Teil von Gaia ansehen und uns nicht länger als ihre Herren aufführen. Gaia gehört uns nicht, sondern sie ist ein lebendiger Organismus des Universums, genauso wie wir, und sie verdient unseren Respekt. Nun leben wir in einem Land, das bereits hohe Maßstäbe für den Umweltschutz setzt, aber es gibt noch etliche Länder, in denen die Erde mit Missachtung behandelt wird. Dies muss sich in naher Zukunft unbedingt verbessern.

Im drittdimensionalen System wurde die Erdung bisher über das Basischakra (das 1. Chakra) und die Fußchakren vorgenommen. Von dort aus visualisierte man Wurzeln bis in den Erdkern hinein, um eine energetische Verbindung zu Gaia herzustellen und seine verbrauchte Energie abzuleiten.

Mit dem Buch *Der Lichtkörper-Prozess* von Tashira Tachiren rückte erstmals das Omega-Chakra – ein Steuerungschakra, das unterhalb des Basischakras liegt – als neuer Ausgangspunkt für die Erdung ins Bewusstsein. Im Gegensatz zu früher stellt man darüber vorläufig bis ins Jahr 2014 die „Erdung" im holografischen Gitter der Erde und über den Chakrenkanal in die höheren Chakren her. Diese Erdung wird sich in den nächsten Jahren allerdings noch bis zu sieben Mal entscheidend verändern.

Über das 9. Chakra verankert man sein Energiesystem zusätzlich im galaktischen Gitter der Sonne und erhält so eine direkte Verbindung zum Kosmos. In diesen unruhigen Zeiten fühlen sich viele meiner Kursteilnehmer durch diese Art von Erdung bedeutend sicherer.

Beim Abstieg des 1. Chakras in die Fußsohle wechselt die KUNDALINI-Energie lediglich ins 9. Chakra, bleibt aber in derselben Körperregion.

Ein überdimensional großes Chakra findet man bei unermüdlichen Umweltaktivisten, inkarnierten Elementarwesen und Menschen vor, die sich ausschließlich dem Dienst an der Natur verschrieben haben. Aber auch bei Menschen, die ganz im Gegenteil ein sehr ausschweifendes Leben führen, andere rücksichtslos oder ungerecht behandeln und keinerlei Verantwortung in jeglicher Form übernehmen wollen.

Bei Personen, die sich in der kompletten Verneinung befinden und die Erde als nicht schützenswert ansehen, ist das Chakra hingegen geschlossen. Für sie ist die Erde ein lebloses Ding, das sich nicht wehren kann und von dem man so lange nehmen darf, bis es nichts mehr hergibt. Manipulation, Machtmissbrauch, Hochmut und Stolz sind an der Tagesordnung und der Mensch befindet sich im Widerspruch zu seinem absoluten Sein. Andere Ursachen hierfür sind, wie auch beim 1. Chakra, eine Verleugnung der eigenen Sexualität und das Versiegen der Lebensenergie.

Bei einem gesunden 9. Chakra hat man seine Seele in Einklang mit dem göttlichen Lebensplan gebracht. Man achtet und wird geachtet. Ein geöffnetes 9. Chakra lässt uns Verbindung zum Kosmos und zu unserem galaktischen Herkunftsort aufnehmen, sodass wir die nötigen Informationen erhalten, um den Aufstieg mit all seinen Herausforderungen zu meistern. Wir haben keine Schwierigkeiten, unsere Lebensaufgaben zu erkennen und anzunehmen. Dies setzt Eigenverantwortung voraus. Erst dann kann das Wissen in der Außenwelt gelebt werden, wodurch man die Funktion eines Erdenhüters übernimmt.

Wer dieses Chakra öffnet, hat sich für seine Entwicklung entschieden, ohne Wenn und Aber. Wir können über dieses Chakra Licht und Liebe aussenden und uns vermehrt der Heilung unseres Planeten widmen. Der Mensch fühlt sich als Teil der Erde und für ihn ist die Erde ein Teil seiner selbst.

Die Öffnung kann durch den silbernen Edelsteinstrahl oder die Gnaden-Elohim erfolgen, aber auch durch regelmäßiges Beten des Vaterunsers und die Bereitschaft, der Erde und Menschheit zu dienen.

Stichworte:

Verantwortung
Dienst an der Erde
Galaktische Erdung

Telane zum Thema „Vergebung"

Wenn wir von „Vergebung" sprechen, halten wir nicht mehr an der schmerzhaften Situation und Erinnerung fest. Ein Mensch, der einem anderen vergibt, lässt ihn los, denn er weiß, dass er sich diesen Menschen in sein Leben gezogen hat, um zu lernen. Denkt bitte daran, dass es ein Leichtes war, sich die Aufgaben vor der Geburt auszusuchen, aber je erfahrener ihr in den Inkarnationszyklen wurdet, desto schwierigere Aufgaben habt ihr zu meistern versucht. Daher wundert euch jetzt nicht, dass die Anforderungen manchmal übergroß erscheinen, denn ihr seid Meister, und viele von euch werden den Planeten Gaia nach dieser Inkarnation verlassen und nach Hause zurückkehren. Viele von euch, sehr viele, denn ihr habt euch nur für diese Zeit hier inkarniert, um dabei sein zu dürfen, wenn dieser einzigartige kosmische Moment eintritt, bei dem eine ganze Nation, eine ganze Menschheit erwachen wird, um Shambala Wirklichkeit werden zu lassen. Die Erfinder stehen in den Startlöchern und es fehlen ihnen nur noch die kleinsten Details, um es wahr werden zu lassen, daher zögert auch ihr nicht, endlich euren Beitrag zum Aufstieg der Erde zu leisten, und verändert euer System. Wechselt zu den höherfrequenten Chakren, damit die Schwingung der Menschheit sich verändern kann. Jeder kann *seinen* Beitrag leisten, blickt nicht immer nur auf eure spirituellen Führer und Lehrer. Sie tragen schon eine große Last, aber diese kann verteilt werden, wenn jeder von euch seinen Beitrag leistet. Geht in die Liebe und arbeitet mit dem Licht. Es ist nicht so schwer wie in manchen Ländern, in denen noch Raub, Mord und Totschlag an der Tagesordnung sind. Ihr, die ihr in den zivilisierten Ländern lebt, ihr habt es in euren Händen, die Menschheit zum Guten zu führen. Seid nicht nur ein Vorbild, wenn es um die Anhäufung von Werten und Materie geht, sondern auch ein leuchtendes Vorbild, wenn es um Moral und Ethik geht. Liebet euren Nächsten! Das stand schon damals in den Schriften. Wir können verstehen, dass ihr euch von den alten Weisheiten abgewandt habt, da sie wie damals in Atlantis immer weiter verfälscht wurden, zum Nutzen des Ego und zur Bereicherung von Wenigen, die herrschten. Es ist eine Schande, dass man dies zugelassen hat, aber es gibt auch diejenigen unter euch, die dieses Karma aufzulösen vermögen, da es die heilige Aufgabe von ihnen ist, auch diese dunklen Flecken auf dem Kleid der Menschheit reinzuwaschen. Denkt immer daran, es gibt keine Schuld, aber das alte Karma-Gepäck solltet ihr trotzdem in der alten Dimension zurücklassen, es reist sich so einfach leichter in die neue Welt.

Reinkarnationsarbeit ist wichtig und sollte von allen auf die eine oder andere Art und Weise betrieben werden, aber denkt daran, auch wirklich *alles* bei der Quelle abzugeben und die Eintragungen in euren Büchern löschen zu lassen. Die Erkenntnisse, die ihr dadurch gewinnt, werden euch verändern, denn ihr werdet genauso wie Johannes feststellen, dass alles, was ihr euch in euer Leben gezogen habt, von euch vorher so bestimmt wurde. Alles! Das mag sich jetzt für einige wie ein Freifahrtsschein anhören, so ist es aber nicht gemeint, denn wer einmal den Schmerz gefühlt hat, den eine Seele des Lichtes empfindet, wenn sie der anderen Schaden zufügt, der weiß, wie sehr sie diese Seele lieben muss, um diesen Schmerz auszuhalten. Warum laufen so viele von euch von ihrem Emotionalkörper getrennt durch diese Inkarnation! Durch die Arbeit mit Nicole habe ich erfahren, wie viele von euch das sind; und es ist erschreckend, dass ihr diesen Ausweg aus dem Schmerz als Kind gesucht habt, aber ihr wusstet es nicht besser. Es ist ein Mechanismus, den ihr entwickelt habt, um dem Schmerz zu entrinnen und ihn nicht mehr aushalten zu müssen.

Der Schmerz auf dieser Welt ist so groß und Gaia mag ihn nicht mehr tragen. Also werdet gewahr, was ihr euren Mitseelen jeden Tag aufs Neue antut, indem ihr sie manipuliert, hasst oder euch über sie ärgert. Haben sie das wirklich verdient? Ihr habt sie doch in euer Leben gerufen, damit *ihr* lernen könnt. Wo bleiben da die Gerechtigkeit, die Liebe und das Verständnis für den Anderen, der euch doch nur dient? Wenn ihr einem Menschen begegnet, der euch sehr aufregt, dann solltet ihr euch überlegen, welche Muster und Glaubenssätze ihr selbst tragt, sodass diese Person derart mit euch in Resonanz geht. Kennt ihr diese Seele aus vorherigen Leben und habt ihr dieser vielleicht einmal entsetzlich geschadet? Wenn euch diese Information sofort zur Verfügung stünde, würdet ihr euch über diesen Menschen oder diese Situation noch ärgern? Was für eine Verschwendung von Energie und Zeit, die ihr nutzen könntet, um euch die Dinge und Herzensqualitäten anzueignen, die euch wirklich weiterbringen! Ihr lebt in einem zivilisierten Land ohne Rassenhass, Krieg und Folter. *Was* hindert euch daran, endlich zu dem zu werden, was ihr wirklich sein sollt? Sind es die kleinen Bequemlichkeiten des Lügens, des Mehr-haben-Wollens, der Angst, nicht geliebt zu werden? Die tausend kleinen Gründe, die euer Ego vorschiebt, warum, wieso und weshalb ihr in dieser Situation wieder einmal nach eurem Ego gehandelt habt und nicht nach dem göttlichen Plan?

Darum steht in den Büchern immer wieder geschrieben, dass man mit der Vergebung bei sich selbst anfangen soll. Lasst eure Bedenken und Ängste wirklich los und damit meine ich: *wirklich* los. Ihr lest viele Bücher und sprecht über viele spirituelle Dinge, aber wenn dann die echten Proben kommen, in denen das angelesene Wissen und die ganzen Weisheiten aus den Seminaren gelebt werden wollen, was passiert dann?

Da ist sie wieder, die leise Stimme des Ego, die einen anders handeln lässt. Aber es ist noch kein Meister vom Himmel gefallen, obwohl das so nicht ganz stimmt. [Lächelt] Wenn ihr im Nachhinein festgestellt habt, dass ihr leicht oder ganz an der Umsetzung gescheitert seid, dann setzt euch hin und vergebt euch und steht wieder auf und versucht es aufs Neue ... so lange, bis ihr die Situationen immer öfter meistert. Ihr entlastet damit die Erde, die Menschen um euch herum und ihr beschleunigt die Bildung der neuen Gesellschaftsform, die wir alle anstreben. Diesmal wird es anders sein, dafür sind wir alle hier.

Vergebung, ein wunderbares Wort, denn es beinhaltet die Transformation der negativen Energien in euren Feldern, in euren Körpern und in eurer Aura. Da ihr euren Teil auflöst, werden auch alle Situationen, in denen eure Energie feststeckt, erlöst und die Seelen, die mit euch gegangen sind, um euch Täter oder Opfer zu sein, werden ebenfalls freigesprochen. Ein kleiner Satz, von Herzen gesprochen, ist wie ein Stein, den ihr ins Wasser werft und der dort wachsende Kreise auf der Wasseroberfläche hinterlässt. Es ist eine Freude für die Seele, dass sie nicht nur allein leichter reisen und sich entwickeln kann, sondern ihr nehmt eure Familie, eure Freunde, eure Verwandten und euer Umfeld mit. Alle profitieren von diesem Prozess, bewusst oder nicht. Man lässt die Ketten und Fesseln der alten Muster einfach hinter sich. Sie fallen in die violette Flamme und werden für immer TRANSMUTIERT – zum Wohle aller.

Deshalb, meine geliebten Schwestern und Brüder, macht euch bitte auf den Weg der Vergebung. Betrachtet die Menschen in eurem Umfeld und fragt euch: „Was kann und darf ich von euch lernen?" Und ihr werdet sehen, es ist eine Menge. Und jedes Mal, wenn ein Implantat (siehe KARMISCHE STRUKTUREN) entfernt oder eine Passage in der Akasha-Chronik ausradiert wurde, werden euch diese Muster nicht mehr begegnen. Es entsteht die Leichtigkeit, die ihr benötigt, um in die neue Dimension zu wechseln. Je mehr Ballast ihr auf dem Weg loslasst, desto leichter wird er euch fallen und desto einfacher wird es sein, uns zu hören, damit wir euch gezielt unterstützen können. Der Weg fängt direkt vor euch an. Habt den Mut und macht den ersten Schritt. Übernehmt Verantwortung für eure Leiden und eure Schmerzen, sucht die Schuld nicht mehr bei den anderen, denn das ist vergebliche Mühe. *Ihr* habt sie darum gebeten, in euer Leben zu treten, ausnahmslos.

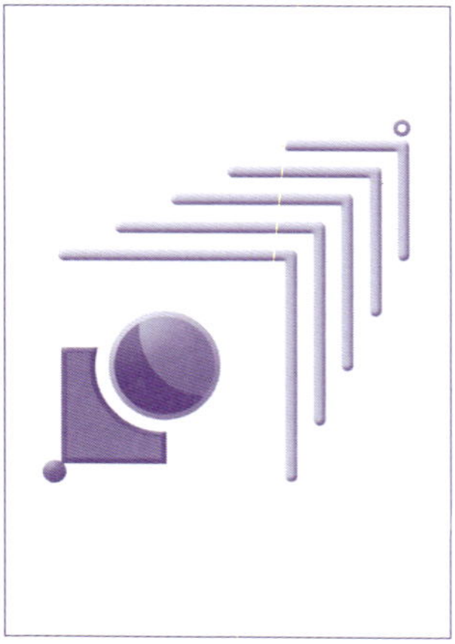

Ra Sinya Tanawa

Das 10. Chakra ist euer Schlüssel zu dem, was ihr seid.

Johannes war während seiner Meditationen wieder zur Quelle vorgedrungen. Dort erwartete ihn eine Gruppe von seltsam vertraut aussehenden Personen, die alle in lange, fließende Gewänder gehüllt waren und seltsame Apparaturen auf ihren Köpfen trugen. Einige waren sehr groß, andere wieder nicht, aber sie kamen Johannes sehr bekannt vor.

Schließlich siegte seine Neugier und er sprach jemanden aus der Gruppe an: „Entschuldigung, aber wer seid ihr?" Eine Dame in einem rosa schimmernden Gewand mit Hochfrisur lächelte ihn an und sagte: „Aber Tirago, erkennst du uns denn nicht?" – „Ich weiß, ich sollte euch kennen, aber ich komme einfach nicht darauf." – „Du bist doch unser Bruder, Sohn und Ehemann", eröffnete ihm die Dame in dem rosafarbenen Kleid. „Ich bin deine erste kosmische Ehefrau Rativa und neben mir steht dein kosmischer Sohn Tagowa." Sie kräuselte die Nase und fuhr fort: „Dies ist dein kosmischer Vater Hanar und dies deine Mutter Tiranadava von Lisga. Wir wollten sehen, wie es dir auf deiner Reise in die 5. Dimension ergeht, und hatten gehofft, ein bisschen Zeit mit dir auf der Erde verbringen zu dürfen, denn wir vermissen dich sehr. Du bist schon so lange von zu Hause fort." Ihre Stimme klang unglücklich. „Zu Hause? Wo ist das?", fragte Johannes ungläubig. „Liebster, erinnerst du dich denn an gar nichts mehr? Dein Zuhause ist im Sternbild des Jupitergürtels. Wir leben in der 12. Dimension von Astonox. Du bist ein Gelehrter der hiesigen Quelle." Johannes verschlug es wie schon so oft die Sprache, allerdings lief diesmal gleichzeitig eine Bilderfolge vor seinem inneren Auge ab und zeigte ihm einen hochmodernen Unterrichtsraum, in dem viele aufmerksame Schüler saßen, und, ja, vor der Projektionswand stand er selbst und erklärte gerade ein sechsdimensionales Gebilde, das über dem frei schwebenden Tisch hing.

Die Dame, die behauptet hatte, seine erste Ehefrau zu sein, schien die Wahrheit zu sprechen. Sie ergriff eben seine Hand und versuchte, ihn zur Gruppe zu ziehen, damit er auch die anderen begrüßen konnte. Johannes zögerte ein wenig, das ging ihm alles etwas zu schnell. Er hatte noch mehr Fragen und überhaupt, warum waren sie gerade jetzt in sein Leben getreten? Der große Herr, der rechts neben seiner Ehefrau stand (merkwürdig, wie schwer ihm dies über die Lippen kam), wandte sich ihm zu und beantwortete seine unausgesprochene Frage. „Tirago, mein Sohn, weißt du denn nicht, dass du über dein 10. Chakra wieder mit uns in Verbindung treten kannst? Solange du dieses Chakra nicht aktiviert hattest, konnten wir nur in deinen Träumen mit dir Kontakt aufnehmen, aber wenigstens daran erinnerst du dich doch noch, oder? Schau einmal an dir herunter, dann kannst du die silbernen Fäden der Verbindungen zu uns sehen." Johannes blickte an sich herunter. Tatsächlich, dort waren sie, er konnte die silbernen Verbindungen zu ihnen sehen, aber die silbernen Strahlen steckten in einem Wust von weiteren Kabeln, Schnüren, Verbindungen und Röhren, die alle vorn aus seinem Unterbauch und hinten aus seinem unteren Rücken zu kommen schienen. Das war ihm bisher noch nie aufgefallen. „Und was hat der Rest zu bedeuten, der hier aus mir herausragt?", fragte Johannes mit Unbehagen, während er die Kabel mit der rechten Hand hochhob und seinem Vater hinhielt. „Das sind die alten Verbindungen der karmischen Zyklen, die du noch aufrechterhältst. Sie stehen für die lange währenden Verbindungen zu ehemaligen Mitspielern, MONADENgeschwistern und SEELENZWILLINGEN, die du während deines Aufenthaltes hier aufgebaut hast, damit du sie schneller unter der Vielzahl an Seelen identifizieren kannst. Wenn es dir zu viele sind, dann bitte Erzengel Ismael darum, dir bei der Auslichtung behilflich zu sein. Er verfügt über die Kenntnisse, die Richtigen zu belassen, sodass du nicht vorzeitig Verbindungen trennst, die vielleicht noch wichtig für dich sind." – „Wer ist Erzengel Ismael? Von dem habe ich auf der Erde noch nie gehört", erwiderte Johannes.

„Erzengel Ismael ist unser Vertrauter. Er steht im Dienste aller Seelen, die sich für den Aufstieg in die 5. Dimension entschieden haben. Natürlich auch schon vorher, als die Erde noch in der 3. Dimension war. Immer wenn eine Seele beschlossen hatte, bestimmte Herzensqualitäten zu erwerben, und die Spielzüge für die nächste Inkarnation im Groben feststanden, wurde Erzengel Ismael damit beauftragt, die passenden Mitspieler zu finden, denn es wollten nicht immer dieselben aus einer Seelengruppe identische Erfahrungen machen. Daher war es oft nötig, auf einer darüber liegenden Ebene zu suchen, um andere Mitspieler zu finden. Darin besteht die Aufgabe von Erzengel Ismael und daher ist er auf der Erde auch weniger bekannt, weil er eher im vorgeburtlichen Bereich mit euch arbeitet, aber jetzt weißt du es ja." Sein Vater lächelte ihn wissend an. „Gut", sagte Johannes. „Dann werde ich versuchen, in meiner nächsten Meditation zu Erzengel Ismael Kontakt aufzunehmen." Sein Vater nickte, „Tu das, es wird leichter für dich sein, wenn diese alten Verbindungen nicht mehr alle Energien, ob positiv oder nicht, in dein System hineinleiten. Die Energien von polar ausgerichteten Seelen, die mit dir verbunden sind, können sich nämlich sehr störend und hinderlich auf deine Körper auswirken. Daher ist eine Auslichtung der Kabel für eine Weile eine überaus nützliche Sache." Hanar klopfte Johannes wohlwollend auf die Schulter. Er wusste, dass sein Junge schnell lernte, und er würde es in kürzester Zeit schaffen, eine klare Verbindung zu seiner kosmischen Familie herzustellen. „Aber jetzt müssen wir wieder gehen, denn die Pflicht ruft." Hanar streckte Johannes zum Abschied die Hand entgegen, zog ihn in seine Arme und drückte ihn fest an sich. „Wie schön, dich endlich wieder zu haben." Johannes versank in der bedingungslosen Liebe, die ihm von der Seele seines Vaters entgegenströmte. Noch nie hatte er solch ein warmes Gefühl empfunden, und er fühlte sich unendlich geliebt und angenommen, ganz anders als damals von seinem irdischen Vater, der immer nur harte Worte und Ablehnung für ihn übrig gehabt hatte. „Ja, ich freue mich auch", flüsterte Johannes mit tränenerstickter Stimme. Als er sich aus den Armen seines Vaters löste, sah er, dass sich ein Großteil der Gruppe bereits auf den Heimweg gemacht hatte und in einem fernen Nebel verschwand. Nur seine kosmische Ehefrau wartete noch auf seinen Vater und warf ihm jetzt zum Abschied eine Kusshand zu. Johannes errötete, denn wie sollte er Evelyn später die Tatsache, dass es diese erste Ehefrau gab – wie war doch gleich ihr Name, ach ja, Rativa –, erklären? Grübelnd machte er sich auf den Weg zurück und kam zwei Minuten später zu Bewusstsein. Evelyn öffnete die Tür und steckte den Kopf ins Zimmer herein. „Na, ausgeschlafen? Du siehst so glücklich und zufrieden aus, hattest du einen schönen Traum?"

Ra Sinya Tanawa bedeutet „eins mit sich sein". Nach seinem Abstieg befindet es sich hinter dem 2. Chakra zwischen Schambein und Bauchnabel. Vollständig entwickelt, erscheint es als rosa-orangefarbene Kugel. Dieses Chakra beeinflusst ebenfalls den Hypothalamus, eine unserer wichtigsten Hormondrüsen.

Da das 10. Chakra hauptsächlich mit Verbindungen, vor allem im kosmischen Sinne, zu tun hat, können wir uns in der Meditation darüber mit anderen Lichtwesen verbinden, aber auch innerhalb der Meditationsgruppe, um so Synergieeffekte wie gesteigerte Hellsichtigkeit und Hellhörigkeit hervorzurufen. Außerdem bildet sich zwischen den Beteiligten ein Gitternetz aus Licht, das die Energie aufrechterhält. Gleichzeitig wird dadurch vieles in den Dimensionen repariert und erneuert, was mit dem Auflegen einer Verbandsgaze verglichen werden kann. Man sollte sorgfältig darauf achten, die Verbindungen am Ende der Meditation jedes Mal wieder zu trennen, weil sie sonst weiterhin bestehen.

Über das 10. Chakra stellen wir eine direkte Verbindung zu unserer seelischen Monade, unseren Seelenzwillingen, galaktischen Geschwistern und unserer kosmischen Herkunftsfamilie her. Außerdem entstehen sehr breite und kraftvolle Bande zu Mitgliedern des kosmischen Heimatplaneten (Plejaden, Sirius etc.). In der Gruppenmeditation kann es vorkommen, dass sich Teilnehmer sehr stark miteinander verbinden, die sich vorher noch nie begegnet sind. Auf die Frage, welchen galaktischen Ursprung sie haben, stellt sich dann heraus, dass sie vom selben Volk stammen.

Dieses Chakra ermöglicht uns außerdem, interstellare Reisen mit unserem spirituellen Körper vorzunehmen, was man jedoch zu Anfang nur unter Anleitung machen sollte.

Bei der Aktivierung des 10. Chakras empfangen wir über die entsprechenden Kanäle Visionen des Kosmos bzw. Informationen zum Aufstieg und dazu, in welcher Form wir dazu beitragen sollen. Wir schauen hinter den Schleier und erhalten Antworten auf die tief gehenden Lebensfragen: „Warum bin ich hier?" und „Was ist meine Aufgabe?" Somit erlangen wir umfassende Klarheit über unser Sein.

Mit Öffnung jedes höheren Chakras werden die Informationen noch umfassender und detaillierter und führen schließlich über das 15. Chakra zur Verschmelzung mit der Seelenfamilie oder Monade. Vielleicht widersteht dann der eine oder andere der Versuchung, sich vorzeitig vom irdischen Dasein zu verabschieden, wenn er wieder bewusst Kontakt mit seinem eigentlichen Zuhause aufnimmt und diesen weiterhin pflegt. Wir waren eine lange Zeit hier ...

Wie bereits erwähnt, bringt es die meisten auf ihrem Lebensweg weiter, wenn sie erfahren, welche Aufgabe ihnen im

Hier und Jetzt auf der Erde zukommt. Manche Seelen wie zum Beispiel Walk-Ins und Avatare haben eine universelle Aufgabe für den Aufstieg übernommen, die entweder einen kurzen und einmaligen Einsatz oder ihren längerfristigen Aufenthalt erfordert.

Die Öffnung des 10. Chakras erfolgt über das Erkennen, dass das eigene Leben in der jetzigen Form von einem selbst erschaffen worden ist und aktiv mit diesem Wissen umgestaltet werden muss! Wir hören ein für alle Mal auf, unserem Umfeld die Schuld an dem, was uns in diesem Leben widerfahren ist und widerfährt, zu geben, und übernehmen – wie schon mit Öffnung des 9. Chakras eingeleitet – Eigenverantwortung.

Wir haben einen Weg gewählt, der von unten nach oben verläuft und Kreuzungen als Widerstände aufweist, um an ihnen zu wachsen. Wer es schon vermag, der ändere die Redewendung: „Jeder hat sein Kreuz zu tragen", in: „Ich trage mein Kreuz, weil ich es tragen will."

Energetische Verbindungen

Da das Karmaspiel schon sehr lange andauert, tragen wir unendlich viele Verbindungen mit uns herum, die sehr fest in unserem 10. Chakra sitzen. Für Hellsichtige können sich diese wie Kabel aus dem Chakra winden – und zwar auf der Vorder- und auf der Rückseite.

Nach meiner Erfahrung kann man wesentlich eigenständiger leben, wenn die Verflechtungen mit den alten karmischen „Bekannten und Verwandten" vorher gelöst wurden. Daher befasst sich der praktische Teil unter „Übungen zum 10. Chakra – Ra Sinya Tanawa", Seite 138 ff., vor allem mit seiner Klärung und Reinigung.

Verbindungen, denen dabei eine besondere Bedeutung zukommt, sind diejenigen, die wir zu unserer kosmischen Herkunftsfamilie unterhalten. Dazu gehören unsere kosmischen Eltern, Geschwister sowie Ehepartner und gemeinsame Kinder.

Viele von uns haben weitverzweigte Herkunftsfamilien, die sie vor langer Zeit im Kosmos zurückgelassen haben. Allerdings hat sich bei der Arbeit mit den Echos unserer Vorleben im astralen Raum gezeigt, dass auch ganze Familienverbände auf diesen Lernplaneten gekommen sind, um Problemstellungen aus der galaktischen Heimat hier in dieser Dimension so lange durchzuprobieren und zu verändern, bis eine Lösung für den Kosmos gefunden wird.

In meinen Kursen sitzen immer wieder Teilnehmer, die nach eigenem Bekunden von klein auf wussten, dass ihre irdische Geburtsfamilie nicht zu ihnen gehörte. Sie fühlten sich schon immer wie ein Waisen- oder Adoptivkind. Sie fühlten und fühlen sich unendlich allein auf diesem Planeten. Wenn sie aber während der Meditation feststellen, dass diverse Verbindungen zur Ursprungsfamilie bestehen, eröffnet sich für einige von ihnen eine neue Welt. Denn sie haben einen Vater und eine Mutter, die sie bedingungslos lieben, egal ob sie in diesem Erdenleben erfolgreicher Rechtsanwalt oder gestandene Mutter von vier Kindern geworden sind oder nicht. Die kosmischen Eltern enthalten sich jeglicher Wertung, und es ist ein ganz besonderer Augenblick, wenn man ihnen gegenübersteht und ihre bedingungslose Liebe und das Angenommensein spürt. Das ist es, wonach sich viele von uns so sehr sehnen und was sie im irdischen Leben oft nicht erhalten. Unsere Ursprungsfamilie nimmt uns so an, wie wir wirklich sind, und es ist ein herrliches Gefühl, wieder ganz zu Hause zu sein, seine Brüder und Schwester zu sehen und sich mit ihnen auszutauschen. Es ist schon erstaunlich, wie viele „Leben" wir gleichzeitig führen, und oft muss ich lachen, wenn die Kursteilnehmer erzählen, was sie in ihrer galaktischen Heimat „von Beruf" sind. Das erklärt, warum man so manche spirituelle Fähigkeit oder Vorliebe hat. Für mich persönlich war das Buch *Die neuen Engel der Erde* von Doreen Virtue ein Meilenstein, denn als ich die Ausführungen über die inkarnierten Sternenmenschen las, fühlte ich mich sehr angesprochen und brauchte mich nicht länger über meine Eigenheiten zu wundern. Je mehr ich über mich erfuhr, desto leichter fielen mir meine universellen Aufgaben in dieser Dimension.

Die höchste partnerschaftliche Verbindung bzw. Liebesbeziehung auf der Erde stellt für mich die zwischen inkarnierten kosmischen Partnern dar. Dabei sollte man jedoch bedenken, dass es im Kosmos nicht gerade monogam zugeht. Einige Seminarteilnehmer berichten, dass sie mit bis zu vier kosmischen Ehepartnern liiert sind. Daher sollte man sich bei der Arbeit mit dem 10. Chakra und den daraus gewonnenen Erkenntnissen von herkömmlichen Moralvorstellungen lieber verabschieden. Für einige kann sie auch Überraschungen mit sich bringen.

Die Erkenntnis, dass man im Kosmos verheiratet ist und dort auch Kinder hat, tröstet vielleicht diejenigen, die sich in dieser Inkarnation mehr oder weniger freiwillig dafür entschieden haben, keine Familie zu gründen, sich aber manchmal fragen, ob sie eine gute Mutter oder ein guter Vater geworden wären. Das kann erleichtern, aber auch das Gegenteil kann eintreten, etwa wenn man feststellt, dass der nette Kollege oder die reizende Kollegin zwar der kosmische Partner ist, jedoch im hiesigen Dasein nicht zur Verfügung steht. Oder wenn sich ausgerechnet zwei kosmische Ehefrauen zur gleichen Zeit inkarniert haben und man immer wieder rätselt, warum sie einem dermaßen vertraut vorkommen und man sich unmöglich zwischen ihnen entscheiden kann.

Auch ist nicht jeder kosmische Ehemann gleichermaßen tolerant und gestattet seiner inkarnierten Ehefrau, auf der Erde mit einem anderen Partner eine Beziehung einzugehen. Wenn eine Dame also bei der erweiterten Meditation „Innerer Dialog mit deiner Seele" im praktischen Teil (Seite 140) feststellt, dass sie von den Plejaden stammt und mit über fünfunddreißig Jahren immer noch oder schon wieder Single ist, könnte sie als Nächstes fragen, ob sie einen plejadischen Ehemann hat. Sollte die Antwort Ja lauten, ist es gut möglich, dass er keinen Nebenbuhler an ihrer Seite duldet – und dies ist keine Seltenheit. Eine Betroffene klagte mir, dass sie den Eindruck habe, als ob jemand den interessierten Herren eins auf die Finger geben würde. Meine Geistführer sagen mir dazu, dass dies in fast allen Fällen tatsächlich zutrifft, und wer weitere Einzelheiten aus erster Hand nachlesen will, dem sei das Buch *Countdown 2012* von Brit Morf empfohlen.

Monadengeschwister und Seelenzwillinge

Wir halten nicht nur Verbindungen zu unserem Ursprung, sondern auch zu unserer Seelenfamilie, ebenso als Monade bekannt. Wenn diese Verbindung bewusst über das 10. Chakra gelegt wird, empfinden die meisten Teilnehmer dies als positiv für ihr Energiesystem und förderlich für ihr spirituelles Wachstum. (Eine weitere Verbindung kommt später noch über das 15. Chakra zustande, wenn es mit dem 8. Chakra im Scheitel verschmilzt.)

Zur großen Verwunderung lässt sich dies von den allgemein so gepriesenen Seelenzwillingen nicht immer behaupten. Die meisten meiner Kursteilnehmer trennen sich während der Meditation – und im echten Leben – genauso schnell wieder von ihnen, wie sie sich mit ihnen verbunden haben. Wie ist dies zu erklären, obwohl doch in den meisten Esoterikbüchern der Seelenzwilling als absoluter Traumpartner verklärt wird? Als ich mich seinerzeit mit diesem Thema, zum Beispiel über die Lektüre von Elizabeth Clare Prophets Buch *Seelenpartner & Zwillingsseelen* aus dem Jahre 1999, auseinandersetzte, fragte ich meinen damaligen Geistführer, Erzengel Uriel, ob es immer noch so sei, dass sich jede Seele in nur zwei Teile spalten würde, wovon die eine männlich und die andere weiblich sei. Die Antwort lautete kurz und eindeutig: Nein. Außerdem, so erklärte er mir, könnten sich die Seelen in bis zu neun Anteile aufspalten, wobei die Verteilung der Geschlechter nicht willkürlich sei, sondern vorher genau festgelegt werde. So kommt es zuweilen vor, dass in einer „7er-Seele" fünf weibliche und zwei männliche Anteile vorhanden sind. Sollten die weiblichen Anteile nicht zur selben Zeit wie die männlichen Anteile inkarnieren, würde dies bedeuten, dass man ein Leben lang auf seinen Seelenzwilling wartet, ihn aber nie in dieser Dimension und Inkarnation treffen wird. Aber da angeblich nur dieser Mensch die große Liebe verspricht, gibt man die Suche nicht auf.

Währenddessen entgeht einem die Chance auf einen karmischen oder spirituellen Partner, der mit seiner Liebe und Ausrichtung weitaus förderlicher für die eigene Entwicklung wäre. Wir könnten unsere Liebe viel mehr ausleben und uns selbst erfahren, wenn wir unsere Ansprüche nicht so hoch steckten und uns nicht an althergebrachten Maßstäben orientieren würden. Daher halte ich die Fragen nach den inkarnierten Seelenzwillingen und der Chance, diese auch wirklich in diesem Leben zu treffen, für die wichtigsten überhaupt.

Neuerdings bestellt man/frau seinen Traumpartner „von oben" und richtet dabei sein Augenmerk immer noch auf oberflächliche Merkmale wie Größe, Haarfarbe, Einkommen und ein paar Charaktereigenschaften, ungeachtet dessen, dass wir die Erfüllung mit dermaßen engen Vorgaben ungewollt verhindern. Zudem blockieren unsere eigenen Implantate, Muster und Glaubenssätze den Erfolg. Unsere Ängste und Zweifel führen übrigens zu einem Storno der Bestellung. Nein, die wenigsten der „Besteller" sind wirklich bereit, ihr Energiesystem so sehr zu verändern, dass die neue Beziehung nicht mehr auf Energieklau und Co-Abhängigkeit basiert. Das Spiel „Du, mach mich glücklich!" gehört als Beziehungsform eigentlich der Vergangenheit an und sollte dringend abgelegt werden. Für sein Lebensglück ist jeder selbst verantwortlich. Und wenn diese Erkenntnis nicht gelebt wird, kann es mit der Öffnung der höheren Chakren noch ein bisschen länger dauern.

Heutzutage kommt es immer öfter vor, dass Seelenzwillinge in Polarität, wie Licht und Schatten, zueinander leben. Eine oder beide Seiten fühlt bzw. fühlen sich dann von ihrem Alter Ego gestört und behindert; die Beziehung zu ihm oder ihr wird daher als unzuträglich oder falsch wahrgenommen. Auf feinstofflicher Ebene erscheint das Verbindungskabel nicht hellsilbern oder hellblau, sondern schwarz, und die Kontrollrose (siehe Seite 134) verwelkt wie im Zeitraffer. Daher rate ich den Seminarteilnehmern, die energetische Verbindung zu trennen oder wenigstens zu minimieren, um den negativen Einfluss zu begrenzen. „Aber warum sollte man eine solche Verbindung überhaupt aufrechterhalten, wenn sie dem eigenen Energiesystem doch offensichtlich schadet?", werden manche fragen. Weil wir uns im Aufstieg befinden, und dieses Ereignis ist ein Mannschaftsspiel, bei dem nur das Team als Ganzes in der Tabelle aufsteigt und nicht Teile davon.

Viele haben bereits die KYMISCHE HOCHZEIT hinter sich gebracht und sind daher mit ihren anderen Seelenanteilen verschmolzen. Die kymische Hochzeit ist die endgültige Rückfahrkarte aus dem Inkarnationszyklus, das heißt, Seelenanteile, die die kymische Hochzeit vollzogen haben, werden nicht wieder inkarnieren. In der Meditation finde ich beim Blick in die Zukunft als Symbol dafür am Ende des Lebensweges eine golden leuchtende Sonne oder einen silbern glänzenden Mond. Aber erst wenn alle Seelenanteile wieder miteinander verschmolzen sind, steigt die Seele über die Monade und ihren Strahl weiter auf. Sie sollten – sofern gestattet – für den „dunklen" Zwilling beten und Auflösungsarbeit leisten, damit auch dieser den Aufstieg bewältigen kann. Das dauert manchmal Jahre und lässt sich nur dann aushalten, wenn man den anderen für das liebt, was er wirklich ist.

Wenn man Glück hat, kann man sogar einen Erzengel oder Strahlenlenker wie zum Beispiel einen Aufgestiegenen Meister als Seelenzwilling haben, der einen in vielfacher Weise unterstützt. In diesen Zeiten scheint nichts unmöglich.

Hellfühlige

Vor allem hellfühligen Menschen sei unbedingt empfohlen, ihre energetischen Verbindungen regelmäßig zu überprüfen, da sie durch ihre Sensibilität besonders leiden. Die Verbindungen zu Seelenzwillingen sind energetisch sehr stabil und dauerhaft, weshalb eine vorübergehende Übernahme der fremden Emotionen oder sogar eine länger andauernde Besetzung möglich ist. Das äußert sich zum Beispiel dadurch, dass sie urplötzlich in Tränen ausbrechen, aggressiv werden oder in Depression verfallen, obwohl von ihrer Seite kein triftiger Grund vorliegt. Oder indem sie auf körperlicher Ebene über Nacht Krankheitssymptome entwickeln, die bei ärztlicher Untersuchung ohne Befund sind, aber bei gezielter Energiearbeit genauso schnell verschwinden können.

Klarheit verschafft unter Umständen die Frage: „Wie viel von der Emotion, die ich gerade durchmache, ist wirklich meine eigene?" Ist der Prozentsatz, den man als Antwort erhält, äußerst gering, sollte man nachhaken, mit wessen Emotion das eigene System stattdessen „geflutet" wurde. Das gestaltet sich als ziemlich schwierig, wenn man noch nicht einmal von der Existenz eines oder mehrerer Seelenzwillinge weiß. Diese Verbindung ist meines Erachtens genauso stark wie die zur irdischen Geburtsfamilie.

Ein Beispiel zur Verdeutlichung sei hier kurz beschrieben: Eines Tages suchte mich eine Patientin auf, die praktisch über Nacht keinen Bissen mehr herunterbekam. Sie war vorher schon öfter bei mir in der Praxis erschienen und hatte über sporadisch auftretenden Appetitmangel geklagt, der stets mehrere Wochen andauerte und ziemlich rasch wieder verschwand. Die Befragung der Patientin ergab keinen Aufschluss und der Befund der schulmedizinischen und naturheilkundlichen Untersuchungen war ebenfalls unauffällig gewesen. Also blieben als mögliche Ursache nur noch die Bereiche „Emotion" und „Energie" übrig. Auf der emotionalen Seite fielen plötzlich einsetzende Gedanken von

Hass, Eifersucht und Neid mit anschließender tiefer Scham auf, die sich die Patientin jedoch nicht erklären konnte, da sie bei näherer Betrachtung keine Veranlassung zu diesen Emotionen hatte. Das plötzliche Einsetzen dieser Gedanken brachte mich schließlich auf die Idee, bei der geistigen Welt nachzufragen, wer sich wirklich hinter der Essstörung verbarg. Viele Leser ahnen sicherlich, was jetzt kommt: Wenn man eine Frage an den Kosmos stellt, kommt auch eine Antwort aus dem Kosmos. In diesem Fall über eine Bekannte der Patientin. Diese Frau berichtete ihr von einer Freundin, der es zu diesem Zeitpunkt schon wieder gar nicht gut gehe. Sie würde unter Magersucht leiden und ganz erbärmlich aussehen. Diese Freundin habe ihr anvertraut, dass sie ihre Schwester hassen würde, weil sie so erfolgreich und Mutters Liebling sei. Sie hingegen könne tun und lassen, was sie wolle, es sei ihr nie recht und sie sage ihr auch nie ein einziges nettes Wort. Aber sie werde es den anderen schon zeigen, hatte sie gesagt, dass sie auch etwas leisten könne, und letztlich werde ihre Mutter sie auch lieben! Und dann fügte die Freundin der Patientin noch hinzu: „Und dabei erinnert sie mich immer so sehr an dich. Ihr seid euch so ähnlich."

Wir haben sehr viel zwischen den beiden Seelenzwillingen aufgelöst ...

Um alle nützlichen Verbindungen zu stärken und eine möglichst reine Kommunikation über dieses Chakra zu erreichen, sollte man es klären (genaue Anweisungen hierzu befinden sich im praktischen Teil des Buches unter „Klärung von Ra Sinya Tanawa", Seite 138 f.) und sich dabei der Mithilfe von Erzengel Michael und Ismael bedienen, sodass alle überflüssigen Verbindungen aus dem 10. Chakra regelmäßig entfernt werden, bis diese dauerhaft getrennt sind. Nur die Verbindung(en) zu Seelenzwillingen und Monadengeschwistern bilden eine Ausnahme.

Ein überdimensional großes Chakra findet man hauptsächlich bei Menschen vor, die sich allein fühlen und daher unbewusst viele überflüssig gewordene Verbindungen zu allen möglichen, teils schädlichen Personen aufbauen und daran festhalten, um ihrer Einsamkeit um jeden Preis zu entkommen.

Bei einem geschlossenen Chakra weist jemand seinem Umfeld nach wie vor die alleinige Schuld an seinem Schicksal zu. Er lässt keine oder nur wenig göttliche Führung zu und die geistige Welt mit all ihren Energien, Gesetzen und Wirkungen wird abgelehnt oder völlig verneint. (Kommentare wie „Quatsch!" oder „An so was glaube ich nicht!" sind keine Seltenheit.) Die Verweigerung der Lernaufgaben und Erfahrungen, die sich die Seele eigentlich vorgenommen hatte, kann ein weiterer Grund für ein geschlossenes Chakra sein.

Wer schon große Schwierigkeiten dabei hatte, das 9. Chakra mit seinen Voraussetzungen von Eigen- und Fremdverantwortung aufzuschließen, der wird mit der Öffnung des 10. Chakras noch mehr zu tun bekommen, denn diese hängt von den zentralen „Schuldfragen" und von der Antwort auf die folgende Frage ab: „Bin ich bereit, die volle Verantwortung für mein Leben zu übernehmen?" Weise ich nach wie vor die Schuld für Dinge, die in meinem Leben nicht funktionieren, anderen zu? Denke ich sehr im Mangel? Hasse oder fürchte ich andere Menschen? Oder habe ich mich dafür entschieden, mit Klarheit und Verantwortung mein eigenes Leben in die Hand zu nehmen?

Bei einem gesunden 10. Chakra ist man im Gleichgewicht mit seinen Energien, Emotionen und Gedanken. Der Mensch ist sich seiner Herkunft, seiner Lebensaufgabe sowie der daraus resultierenden Verbindungen und Lernaufgaben voll bewusst. Er übernimmt Verantwortung für sein Handeln und sein Dasein. Schuldzuweisungen an Lernpartner gehören der Vergangenheit an oder wurden durch Vergebung transformiert.

Stichworte:

Verbindung
Herkunft
Lebenszweck
Schuld

Johannes hatte einen günstigen Moment für die Eröffnung gewählt, die er seiner irdischen Ehefrau Evelyn machen wollte. Zunächst wusste er nicht, wie er beginnen sollte, aber dann sprudelten die Worte nur so aus ihm heraus: Wie sie alle ausgesehen und was sie gesagt hatten und wie Rativa ihm zum Abschied eine Kusshand zugeworfen hatte.

Evelyn schwieg eine Weile, dann sagte sie: „Ich wusste schon immer, dass es da noch jemand anderen in deinem Leben geben würde, der dich sehr lieben musste, aber ich konnte es nie greifen. Wenn wir uns nahe sind, habe ich oft das Gefühl, dass jemand an meinem Herzchakra dreht; es geht ganz weit auf und es fließt dieses wunderbare warme Gefühl durch mich hindurch zu dir. Sicherlich ist auch meine Liebe für dich dabei, aber es gibt diese überquellenden Momente, die ich gar nicht beschreiben kann. Ich ahnte, dass dort immer eine höhere Macht am Werke war, und jetzt bin ich dankbar zu wissen, dass es viele Wesen gibt, die dich genauso lieben wie ich."

In ihren Augen schwammen Tränen und Johannes zog seine Frau näher an sich. Wie dankbar war er doch, dass er sie in seinem Leben hatte und er alle diese Momente mit ihr teilen durfte. Sie schien nicht im Mindesten eifersüchtig auf Rativa zu sein, wozu auch kein Grund bestand, denn schließlich lebte er in dieser Dimension mit Evelyn und sie versuchten dieses Leben so gut zusammen zu meistern, wie es eben ging.

Hada virono dorino de!
Friede sei mit dir und allen, die ich segne!
Telane

Rana Tanyo

Das 11. Chakra ist der Ort, aus dem alles Leiden entspringt, wenn man es nicht transformiert und erkennt.

Diesmal ging es Johannes richtig schlecht. Er litt schon seit Tagen an Magenschmerzen und außerdem machte ihm seine Verdauung zu schaffen. Der Stress bei der Arbeit war auch nicht mehr als sonst, aber irgendetwas war doch anders. Er schien dünnhäutiger geworden zu sein, was sich darin äußerte, dass er die negativen Gedanken der Kollegen und seines Vorgesetzten körperlich spüren konnte. Die Sekretärin, zwei Zimmer weiter, stand mit ihrer schlechten Laune quasi direkt neben ihm, und der Abteilungsleiter saß ihm mit seinem wichtigen Projekt im Nacken. Johannes spürte seinen heißen Atem fast im Genick. Das war eine ungewohnt heftige Wahrnehmung. Er wusste, dass die Chakraarbeit und die regelmäßige Meditation ihn hellfühliger hatten werden lassen, aber jetzt war er an einem Punkt angelangt, wo ihm die Gedanken und Verbindungen der Anderen, die durch ihre mangelnde Zentrierung von allen Seiten in seine Aura und seinen Körper eindrangen, Unbehagen und konkrete Schmerzen bereiteten. Sein Nacken verspannte sich zusehends und der Magen rebellierte. Aber wie sollte er sich davor schützen? Was wollten ihm seine Arbeitskollegen indirekt beibringen?

Sein Chef, ein notorischer Perfektionist, hatte auf alles und für jeden eine passende Antwort und gab genauestens vor, wie die Dinge zu erledigen waren. Wenn er mit all seinen Anweisungen fertig war, hätte er den Auftrag in derselben Zeit auch selbst ausführen können. Im Endeffekt genügte ihm Johannes' Leistung trotzdem nicht und das, was er ablieferte, wurde von ihm nochmals verbessert. Unterschwellig hatte er daher immer das Bedürfnis, sich ihm zu entziehen, damit der Chef nicht mit seiner ganzen Energie Johannes' Aura übernehmen konnte, um sich beim Heraustreten aus der Aura auch noch die Hälfte von Johannes' Energie einzuverleiben. Johannes hatte gelernt, peinlichst darauf zu achten, sich seine Energie von seinem Vorgesetzten und den Kollegen nach der Arbeit zurückzuholen, um so einem ständigen Energiemangel vorzubeugen. Er lud daher allabendlich Energie von der Quelle in seinen energetischen Körper nach. Seitdem fühlte er sich frischer und konnte mehr leisten.

Die Sekretärin hingegen war ein einziges Häufchen Elend. Ihr ging es immer schlecht, körperlich und emotional. Entweder war sie von einer Freundin belogen worden oder sie hatte sich einen lackierten Fingernagel abgebrochen. Man konnte nicht in ihre Nähe kommen, ohne eine zwanzigminütige Tirade über ihre „Schicksalsschläge" über sich ergehen lassen zu müssen. Anschließend fühlte man sich genauso leer und ausgedörrt wie nach einem Fußmarsch durch die Wüste, da die eigene Aufmerksamkeitsenergie unweigerlich von der Jammernden abgezogen worden war. Johannes hatte sich vorgenommen, dies in Zukunft zu unterbinden.

Obwohl sein Vorgesetzter und seine Kollegen sich von ihrem Verhalten her wenig geändert hatten, reagierte Johannes seit seiner Auflösungsarbeit nur noch selten auf ihre abfälligen Bemerkungen und Anspielungen, und immer öfter gelang es ihm, sogar liebevolle Worte für sie zu finden. Seitdem war sein Leben weniger nervenaufreibend geworden, und er merkte, wie er seine Energie immer besser bei sich behielt und unkontrollierte Gedankengänge sowie negative Vorstellungen sofort abbrach und in der violetten Flamme transmutierte. Was hatte er doch neulich auf einer Postkarte gelesen? „Wenn du nichts Gutes über einen Menschen sagen kannst, dann werde zur Blume." Damit war natürlich die erforderliche Neutralität gemeint. Sich bei jeder Gelegenheit unflätig über seine Mitmenschen zu äußern, das war keine gelebte Spiritualität für Johannes, sondern im Grunde genommen Scheinheiligkeit von denen, die meinten, sich ja schon so weit entwickelt zu haben. Er schnaubte kurz und nahm sich vor, in der heutigen Abendmeditation um eine Lösung für sein Problem zu bitten.

Rana Tanyo bedeutet „den Tod besiegen". Das 11. Chakra befindet sich dort, wo ursprünglich das 3. Chakra lag, also zwischen Brustbein und Bauchnabel, darf jedoch nicht mit dem Solarplexus verwechselt werden. In gereinigtem Zustand ist es von rosaroter Farbe mit einem Hauch Astralblau und Astralweiß. Die zugehörige Hormondrüse ist die Epiphyse (auch „Zirbeldrüse" genannt).

Das 11. Chakra öffnet sich, sobald der Mensch vollkommen darauf vertraut, dass er von der Quelle geliebt und beschützt wird. Anders als die restlichen höheren Chakren wird die vorherige Funktion nicht verfeinert, sondern entfällt komplett. Wie gesagt, dieses Chakra ist nicht mehr auf den Schutz des Energiesystems ausgerichtet, sondern soll uns „gleitend und fließend" durch diese Inkarnation geleiten. Wer bedingungsloses Vertrauen in die unendliche Weisheit des Kosmos hat, wird an jeder entscheidenden Weggabelung kurz in sich hineinhorchen und sofort wissen, welchen von beiden Wegen er in seinem Leben einschlagen soll, um ohne Umweg ans Ziel zu gelangen. Menschen, die über dieses Gottvertrauen verfügen, gleiten förmlich durch ihr Leben, mit der unerschütterlichen Sicherheit, dass alles seinen Sinn hat, auch wenn sie ihn im Augenblick ihres Entscheidens und Handelns noch nicht vollständig erfassen, geschweige denn die späteren Folgen absehen können. Wir sollen nicht mehr kämpfen, sondern in Harmonie und Einheit miteinander leben. Die bedingungslose Liebe zur Menschheit sitzt ebenfalls im 11. Chakra, denn als liebendes Wesen benötige ich weder Mauer noch Rüstung zu meinem Schutz.

Nach wie vor dient dieses Chakras dazu, Energien zu filtern die von außen in das System eindringen. Es transformiert sie mithilfe des neuen Herzchakras (des 12. Chakras) durch Liebe und Licht. Diese Fähigkeit wird noch gesteigert, wenn man das 11. Chakra regelmäßig reinigt und mit Energie auffüllt.

Die Übung zur Klärung des 11. Chakras findet sich im praktischen Teil unter „Klärung von Rana Tanyo", Seite 143 f.

Höhere Verbindungen

Das 11. Chakra ist ebenfalls ein galaktisches Chakra. Über diese Chakren sind wir imstande, direkt mit noch höheren Energien wie etwa Strahlenlenkern und außerirdischen Wesen in Verbindung zu treten. Hierüber erhalten wir detaillierte Informationen über uns selbst, über unsere Lebensaufgabe und andere Menschen, sodass wir unseren Weg mit noch mehr Leichtigkeit gehen können. Viele Lichtarbeiter sind durchaus in der Lage, gut mit ihren Schutzengeln und Geistführern zu kommunizieren, die ihnen jedoch nur begrenzte Informationen geben können. Daher werden sie nach dem Abstieg der Chakren den Zugang zu den höheren Energien über die Chakren 11 bis 15 überaus zu schätzen wissen. Physikalisch gesehen, ist es gut nachvollziehbar, dass sich Wesenheiten aus höheren Dimensionen oder einer anderen Galaxie nur auf ein bestimmtes Energieniveau herabsenken bzw. verdichten können. Damit sich jedoch ein direkter Kanal ohne Mittler zu uns herstellen lässt, müssen wir unsere Frequenz so weit erhöhen, dass wir eine Schnittstelle zu diesen Energien erreichen; nur so können wir ihre Botschaften klar und deutlich vernehmen.

Der Fahrplan für das Öffnen der drittdimensionalen Chakren zu Beginn des praktischen Teils (unter „Fahrplan zum

Abstieg der Chakren 8 bis 15", Seite 129 ff.) ist auch sehr gut als Leitfaden zur Erhöhung der eigenen Schwingung geeignet.

Inneres Kind

Der Emotionalkörper, der auch „Inneres Kind" genannt wird, hängt im drittdimensionalen Chakrensystem unmittelbar mit dem 2. und 3. Chakra zusammen. Daher kann man über diese Chakren leicht mit dem Emotionalkörper in Verbindung treten. Warum ist das so wichtig? Ganz einfach, weil das Innere Kind unseren stofflichen Körper steuert. Der Körper macht uns nämlich jede unterdrückte Emotion und jeden verdrängten Glaubenssatz, die das Innere Kind belasten, in Form von Krankheitssymptomen deutlich, sodass wir sie nicht mehr ignorieren können. Wer den Ursachen für seine Krankheiten neben den üblichen Therapieansätzen beikommen will, der wird sich unweigerlich mit seinem Emotionalkörper auseinandersetzen müssen.

Ein Bekannter erzählte mir, dass er während seiner unglücklichen Ehe jahrelang von wiederkehrenden Nierensteinen mit heftigsten Koliken geplagt worden sei. Sobald er endlich die Scheidung eingereicht hätte, lösten sich diese Gesundheitsprobleme in Luft auf. Im Zusammenhang mit dem Inneren Kind bezeichnet man die Nieren auch als „Partnerschaftsorgan".

Die hemmenden und einengenden Glaubenssätze und Glaubensmuster sitzen ebenfalls im Emotionalkörper und nur dort können sie auch aufgelöst werden. Nach dem Chakrenabstieg erlangt man nun den Zugang zum Inneren Kind über das 10. und das 11. Chakra.

In unserer bisherigen Gesellschaftsform beruhten unsere Interaktionen auf einem Energieaustausch, der hauptsächlich manipulierend erfolgte, damit die bestimmten Lernaufgaben (Überwindung von Neid, Hass, Rache usw.) auch umgesetzt werden konnten. Das heißt, dass unser 3. Chakra ständig damit beschäftigt war, die hereinkommenden Energien zu filtern und zuzuordnen. Es teilte die Energien in eigene und fremde ein und warf immer dann mit Abgrenzungsenergie (zum Beispiel Wut und Ärger), wenn die fremde Energie das System zu stark zu beeinflussen oder gar zu übernehmen drohte und folglich die eigene Aura stabilisiert werden musste. Dies ist aufgrund der Wechselwirkung zwischen Emotionalkörper und stofflichem Körper von Bedeutung, da sich viele Erkrankungen erst eine gewisse Zeit im Emotionalkörper festsetzen, bevor sie schließlich auf körperlicher Ebene ernsthafte Symptome hervorrufen.

Psychischer Schutz

Viele Menschen hängen noch in den alten Energiegewinnungsmustern fest. Da sie nicht gelernt haben, sich selbstständig mit Energie von der Quelle zu versorgen, sind sie unbedingt darauf angewiesen, sich die Energie, die sie tagsüber durch die vorherrschende Manipulation verloren haben, von anderen, vor allem von menschlichen Energieträgern zu holen.
Die meisten von uns ahnen vermutlich nicht, dass wir jedes Mal, wenn unsere Aufmerksamkeit unseren Kopf verlässt, eine energetische Verbindung zum Menschen oder auch Objekt herstellen, auf den oder das wir unsere Aufmerksamkeit fixieren. Leider verhält es sich bei diesen Verbindungen so, dass sie mit jedem Gedanken stärker und stärker werden, bis sie schließlich als handbreite Stränge zwischen den Beteiligten erscheinen. Das hängt mit dem energetischen Gesetz: „Die Energie folgt der Aufmerksamkeit" zusammen, das mittlerweile allgemein bekannt sein dürfte. Immer dann, wenn jemand seine Aufmerksamkeit zum Beispiel auf seinen lästigen Nachbarn richtet und ihm seine weniger freundlichen Gedanken schickt (wie: „Na, der könnte ja auch mal wieder den Weg kehren!"), legt er dadurch, von seiner Leber (Hauptsitz der Wut) und seinem 3. Chakra (Macht und Wille) ausgehend, Verbindungen in die Leber und den Solarplexus des Nachbarn. Sollte man zu den hitzigen

Gemütern gehören, die sich über alles und jeden aufregen, kann man davon ausgehen, dass eine Unmenge von Kabeln aus den jeweiligen Bereichen des eigenen Lichtkörpers herausragt! Demnach folgt auch unsere Energie unserer Aufmerksamkeit, wandert über die Verbindungskabel ins System des Nachbarn und ist vorläufig für uns verloren, es sei denn, wir holen sie uns gezielt zurück (was die meisten eben nicht tun).

Hinzu kommt, dass diese Verbindungen eine Zeit lang oder sogar dauerhaft bestehen bleiben, was uns a) weitere Eigenenergie entzieht und b) eine oder mehrere direkte Verbindungen für die Zuleitung von Fremdenergie unseres Nachbarn in unser eigenes System legt. Sollte der liebe Nachbar also irgendwann einen kleinen Wutanfall haben, bekommen wir gleichfalls eine Ladung von dieser Energie ab, egal ob wir der Anlass dafür sind oder nicht.

Neben der Gedankenkontrolle und Zentrierung empfiehlt es sich daher, regelmäßig – vor allem abends – seinen Energiekörper von derartigen Energien zu reinigen, weil sie sich auf lange Sicht ungünstig auf unser System auswirken. Dadurch er-

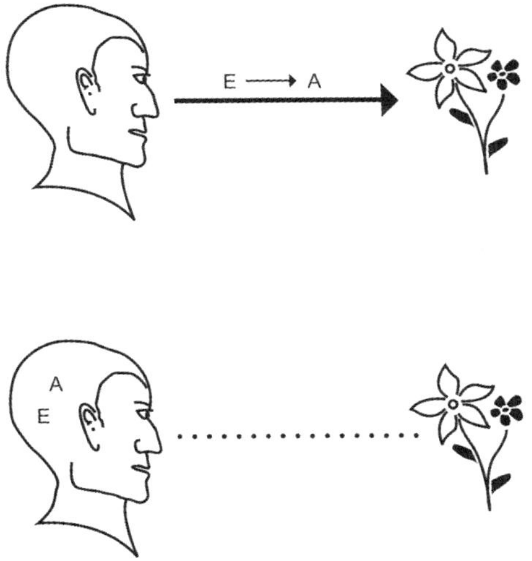

Abbildung 1: Energie folgt der Aufmerksamkeit

möglichen wir unserem energetischen System, sich über Nacht zu regenerieren und zu erholen. Das Reinigungsritual kann je nach dem üblichen Aufenthaltsort und ausgeübtem Beruf entweder nur wenig oder aber geraume Zeit in Anspruch nehmen, da die vielen Verbindungen und negativen Energien, die sich jeden Tag neu bilden, wieder und wieder getrennt bzw. transmutiert werden müssen. Das trifft besonders auf Leute zu, die zum Beispiel als Mitarbeiter für eine Kundenhotline, für einen Auftragsdienst oder in der Notaufnahme eines Hospitals arbeiten und unter energetischem Dauerbeschuss durch den ganzen Unmut und die Ängste der Menschen stehen. Nur die wenigsten Zeitgenossen sind nämlich ständig bemüht, positiv zu denken, Ruhe zu bewahren und auch in Alltagssituationen gelassen gegenüber ihrem Umfeld zu bleiben. Auf dieser Stufe der Menschheitsentwicklung scheint diese Vorgehensweise zwar eine Sisyphusarbeit zu sein, aber sie wirkt dennoch und ist bitter notwendig. Meine über die Jahre gesammelten Erfahrungen haben mich eines gelehrt: Jemand verändert sich erst dann grundlegend, wenn er in eine massive Lebenskrise gerät und ihm keine andere Wahl bleibt; und die Schmerz- bzw. Bequemlichkeitsgrenze, wo diese Veränderung endlich in Angriff genommen wird, kann erstaunlich hoch liegen. Aber es dauert nicht mehr lange, bis jeder wohl oder übel durch den zunehmenden Druck von innen und außen nicht mehr umhinkann, sein bisheriges Denken und Handeln völlig umzukrempeln. Denn je höher die Energie steigt, desto hellfühliger werden *alle* Menschen sein. Hat man einmal am eigenen Leib erfahren, wie sich bohrende Kopfschmerzen ohne Tabletten in Luft auflösen, nur weil die fremden Gedankenformen im eigenen System transformiert wurden, wird man hart an sich arbeiten, damit man anderen nicht das Gleiche antut.

Letztendlich werden uns aber auch die Neuen Kinder dazu bringen, in diese Verantwortung zu gehen, denn einer der Hauptgründe für viele ihrer Beschwerden, die sie schon in jungen Jahren haben, sind eben die Energie- und Gedankenformen ihres Umfeldes. Ich habe schon Unglaubliches mit ihnen in meiner Praxis erlebt. Hier ein paar Beispiele: Vor einigen Jahren erschien eine Mutter mit ihrer vierzehnjährigen Tochter bei mir. Das Mädchen klagte seit sechs Monaten über ständige Kopf- und Bauchschmerzen, weshalb sie zu Hause bleiben musste und den Unterricht versäumte. Die Mutter äußerte die Befürchtung, dass bei fortgesetztem Fehlen die Versetzung in die nächsthöhere Klasse gefährdet sei. Die vorherigen Untersuchungen hatten keinen Befund ergeben, und auch die feste Zahnspange schied als möglicher Störfaktor aus. Meiner Intuition folgend, fasste ich mir ein Herz und fragte sie auf den Kopf zu, ob kürzlich jemand in der Familie gestorben sei: der Großvater. Die Lösung des Rätsels war gefunden. Ich vermittelte dem Mädchen die Technik, wie man Verstorbene ins Licht geleitet, was sie fortan jeden Abend vor dem Schlafengehen praktizierte. Dadurch gehörten die Bauch- und Kopfschmerzen rasch der Vergangenheit an.

Als weiteres Beispiel ist die Geschichte einer Familie mit einem sechsjährigen Jungen zu nennen. Bei ihm bestand das Problem, dass er wiederholt von Schlangen träumte. Dazu sei kurz erklärt, dass man die Eltern vorher gewarnt hatte, auf einem bestimmten Grundstück zu bauen, weil viele Nachbarn ein Auge darauf geworfen hatten und nun neidisch waren. Die Familie entschied sich trotzdem, dort ihr Einfamilienhaus errichten zu lassen. Nun muss man wissen, dass sich Neid auf der Astralebene oft als Schlange zeigt. Daher konnte die Mutter die Schlangenträume ihres Sohnes gut nachvollziehen. Aber solange er nur davon träumte, schien alles in Ordnung zu sein, bis zu dem Morgen, an dem er schon wieder ins Bett seiner Eltern gekrochen kam. Als ihn seine Mutter halb wach fragte, warum er nicht schlafen könne, murmelte er: „Ich sehe Schlangen." – „Mach einfach die Augen auf", schlug sie vor. „Aber ich hab die Augen offen, Mama." Daraufhin meldete sie sich noch am selben Tag bei mir zum Chakra-Basiskurs an.

Zum Glück gibt es immer mehr aufgeschlossene Eltern wie

diese Mutter, die sich das nötige energetische Grundwissen aneignen, um ihre Kinder umfassend zu schützen. Die positiven Veränderungen sind teilweise gravierend. Man sagt, dass diese Seelen eine Art Überlebensstrategie entwickelt hätten. Sie inkarnierten immer bei einer Familie, in der zumindest ein Eltern- oder Großelternteil spirituell orientiert sei, zu dem sie dann auch eine sehr enge Bindung aufbauten.

Als Eltern von Neuen Kindern sollte man wissen, dass das 11. Chakra im viertdimensionalen System über keinen Abwehrmechanismus mehr verfügt wie das „alte" 3. Chakra. Im drittdimensionalen System ist das 3. Chakra, wie gesagt, für den psychischen Schutz der Aura und des Körpers zuständig und streut im Ernstfall Energie, um die Aura zu verstärken. Da die Kristallkinder schon auf eine Gesellschaftsform ausgerichtet sind, in der sich die Menschen bedingungslose Liebe entgegenbringen sollen, wurde dieser Schutzmechanismus damals im viertdimensionalen System nicht mit installiert. Bei ihnen ist das 11. Chakra rosarot mit einem Hauch von Astralblau und Weiß und hüllt sie in einer kritischen Situation lediglich in rosafarbenes Licht ein. Sie haben keine andere Möglichkeit, ihre Aura zu verstärken. Solange sich die Menschen noch auf der jetzigen Entwicklungsstufe befinden und um den Einfluss der Fremdenergien auf ein Minimum zu senken, muss der Schutz stattdessen über die Aura erfolgen, zum Beispiel durch Schutzsymbole und mechanische Energiesysteme.

Jedes Mal, wenn sie von Personen, die sich nicht in der Zentrierung befinden, angesprochen werden, trifft die gelegte Verbindung mit voller Wucht auf ihre Aura und ihren Körper. Die Kinder nehmen dieses Eindringen in ihr System körperlich wahr, bewusst oder unterbewusst. Stell dir vor, dass dir jemand, immer wenn er an dich denkt, auf die Schulter tippt, und zwar nicht nur er oder diejenigen, die wirklich neben dir stehen, sondern auch *alle* anderen, die am Tag oder in der Nacht an dich denken. „Tipp, tipp, tipp ..."

Diese Kinder leiden jeden Tag und jede Minute in einem

Ausmaß, das sich ihre Angehörigen, Lehrer und älteren Freunde nicht im Mindesten vorstellen können, da sie nicht über deren verfeinerte Wahrnehmung verfügen. Wer die neuen Chakren absteigen lässt und sie öffnet, wird bei entsprechender Eignung genauso empfindsam werden wie die Neuen Kinder. Aber man wird durch diese Fähigkeit, alle Gedankenformen negativ oder positiv wahrzunehmen, auch deutlich daran erinnert, was alles sich in dieser Gesellschaft noch wandeln muss!

Ist das vielleicht der Grund, warum so viele von diesen Kindern Schatten unter den Augen haben? Diese braun-schwarzen Schatten und Schwellungen, die von absoluter nervlicher Erschöpfung zeugen. Denkt daran: Jedes „Tipp" wird vom Gehirn registriert und muss verarbeitet werden. Was für eine Leistung! Jede einzelne negative Gedankenform von uns, die ihnen auf dem Gesicht brennt. Jede Verbindung, die in ihrem Solarplexus landet, damit sie das tun, was wir von ihnen erwarten.

Und warum nimmt die Selbstmordrate bei Kindern und Jugendlichen mit jedem Jahr zu? Halten sie es einfach nicht mehr aus? Was würdet ihr tun? Wenn ich diese Neuen Kinder und Jugendlichen in meiner Sprechstunde frage, was sie alles sehen und was sie alles fühlen, dann begegnet mir dieser abschätzende Blick, dieser entscheidende Augenblick, in dem sie einem mitten ins Herz sehen – und diese Kinder und Jugendlichen können das. In so einem Moment kann man sie nur mit Wahrhaftigkeit, die für sie in der Aura erkennbar ist, überzeugen. Das heißt was man sagt, muss man auch wirklich meinen; erst dann öffnen sie sich und erzählen, wen und was sie alles sehen, fühlen und hören. Ihre Verzweiflung und Angst ist sehr groß, weil sie glauben, nicht ganz normal zu sein. Und gleichzeitig fühlen sie sich von ihren Angehörigen und in der Schule so alleingelassen, dass sie am liebsten sterben würden, weil sie es nicht mehr aushalten. Sie werden erst dann ruhiger, wenn sie die größeren Zusammenhänge über die Neuen Kinder erfahren, oder aber sie gehen den anderen Weg und werden „normal". Die Frage ist nur für wie lange, aber jeder Weg ist der richtige, es gibt keinen falschen.

Macht und Wille

Vielen meiner Kursteilnehmer stehen die Haare zu Berge, wenn sie anhand zweier grundlegender Techniken feststellen, welche Personen mit ihren Energien sich wo bei ihnen an der Aura befinden. Auch die Erkenntnis, wie viel Energie sie tatsächlich über diese, vor allem familiären Verbindungen verlieren bzw. aufnehmen, führt oft zu einem völlig veränderten Denken und Handeln. In jedem Kurs steht bei sage und schreibe 95 Prozent der erwachsenen Männer und Frauen die eigene Mutter direkt neben ihnen in der Aura oder im schlimmsten Fall direkt im energetischen Körper. Das bedeutet, dass diese Menschen eins zu eins die fremden Verhaltensweisen und -muster leben und ausagieren müssen.

Mit dem Erkennen und Auflösen dieser energetischen Verbindungen ist es keine Seltenheit, dass körperliche Symptome oder emotionale Probleme sofort verschwinden. Irgendwann in seinem Entwicklungsprozess erreicht jeder schließlich den Punkt, an dem er sich bei auffälligen Beschwerden zunächst in die Meditation begibt und nach der energetischen Ursache sucht. Erst wenn man hier nichts findet, was nur ganz selten der Fall ist, wird die stoffliche Ebene näher untersucht.

Dazu passt die Geschichte eines jungen Mannes, der mich wegen seines schmerzenden rechten Knöchels konsultierte. Die üblichen ärztlichen Untersuchungen waren ohne Befund geblieben. Auch ich konnte zunächst keine Auffälligkeiten feststellen und die manuelle Behandlung, die ich sicherheitshalber durchführte, zeigte keinerlei Wirkung. Letztlich fand sich die Ursache doch noch, und zwar im feinstofflichen Bereich: Die Mutter des jungen Mannes war immer deutlicher in seiner Aura wahrnehmbar. Also schlug ich ihm vor, es mit einem energetischen Schutzsystem in Form eines Anhängers zu versuchen und zu beobachten, ob der Knöchel darauf reagieren würde. Er willigte ein und nach fünf Minuten Tragezeit fing er plötzlich an, seinen Fuß zu schütteln, weil er warm wurde. Nach weiteren zehn Minuten hatte er den Eindruck, dass die Schmerzen schon erheblich nachließen. Ich bot ihm an, das Schutzsystem für weitere vierzehn Tage auszuprobieren, und er sollte darauf achten, wer sich in der nächsten halben Stunde bei ihm meldete. Das Schutzsystem würde nämlich die energetische Verbindung kappen, sodass die Person am anderen Ende sich wahrscheinlich veranlasst sähe, den Kontakt wiederherzustellen. Nach nicht einmal fünf Minuten klingelte mein Telefon. Der junge Mann berichtete mir aufgeregt, dass seine Mutter in den letzten zehn Minuten zweimal versucht habe, ihn zu erreichen. Vier Monate später erschien sie schließlich selbst bei mir in der Praxis. Schon seit Längerem hatte sie Beschwerden mit ihrem rechten Fuß und Knöchel.

Kristallkinder

In den letzten Jahrzehnten werden in Deutschland und anderswo zunehmend junge Menschen geboren, die von Anfang an hellfühlig sind und – vor allem durch die Publikationen von Doreen Virtue – als sogenannte Indigo- und Kristallkinder (auch Indigo- und Kristallmenschen) – bekannt geworden sind. Diese Bezeichnung stammt von den Farben, die in ihrer Aura vorherrschen: ein tiefes Indigoblau bzw. die Farbe von Rosenquarz. Die inzwischen erwachsenen Indigokinder sind bereits in vielen Büchern ausführlich thematisiert worden. Sie gelten als Vorläufer der Kristallkinder und sollen ihnen im kosmischen Sinne den Weg bereiten. Denn ihr Hauptauftrag besteht darin, die erstarrten, manipulativen und menschenverachtenden Gesellschaftsformen aufzubrechen. Ihre extreme Verweigerungshaltung – sie wollen sich im herkömmlichen Schul- und Berufssystem nicht eingliedern und nicht, wie von außen erwartet, funktionieren – hat also eine tiefere Bedeutung. Im Gegensatz zu den Kristallkindern besitzen sie noch ein drittdimensionales Chakrensystem und sind daher energetisch robuster, was für ihre universelle Aufgabe unerlässlich ist. Die Kristallkinder zeichnen sich, abgesehen von ihrer verfeinerten Sinneswahrnehmung und Sensibilität, besonders durch ihre großen, runden Kulleraugen aus, bei denen die Iris fast das ganze Auge einnimmt. Die meisten schwimmen ausgesprochen gern, lieben Tiere und Steine, ernähren sich vorwiegend vegetarisch und haben einen natürlichen Hang zu Spiritualität. Anhand der ungewöhnlichen Farbnuancen, die auf ihren Aurafotos erscheinen, erkennt der aufmerksame Betrachter, dass sie nicht mehr mit den drittdimensionalen Chakren ausgestattet sein können, sondern ausschließlich mit den viertdimensionalen. Das ist nur allzu verständlich, denn wir gehen in die fünfte Dimension, für die das alte Betriebssystem unbrauchbar wäre. In der jetzigen Zeit machen diesen Kindern die allgemeinen negativen Gedankenformen noch sehr zu schaffen, die wir aufgrund unseres unkontrollierten Denkens ständig absondern und überall aussenden oder hinterlassen. Auch setzen erdgebundene Tote (Astrale) und deren Energien ihnen dermaßen zu, da sie ja, wie gesagt, über den Auraschutz durch das alte 3. Chakra nicht mehr verfügen.

Die Kristallkinder sind hier, um die Liebe in die Welt zurückzubringen und weisen aus diesem Grund auch ein überdimensional großes Herzchakra auf, über das sie sich automatisch mit anderen Menschen verbinden. Sie haben sich vor ihrer Inkarnation bereit erklärt, die wichtige Qualität der Liebe nach so langer Zeit, in der Hass und Vergeltung regierten, wieder in diese Gesellschaft zu integrieren.

Kristallkinder sind ohne entsprechende Schutzmaßnahmen allen Energien wehrlos ausgeliefert, wodurch bei ihnen vermehrt Allergien, Kopfschmerzen, Bauchschmerzen, Schlafstörungen, Depressionen bis hin zu Selbstmordgedanken auftreten. Daher bin ich unendlich dankbar, dass mir der Kosmos als Hilfestellung für sie die Symbole für eine feinstofflich aktive

Bettwäsche übermittelt hat, damit sie wenigstens in der Nacht einen erholsamen Schlaf finden können. Nähere Informationen kann jeder bei Interesse auf meiner Webseite *www.nicole-valentine.de* erhalten.

Bei einem überbeanspruchten 11. Chakra ist der Mensch in ständiger Abwehrbereitschaft und versucht, alle einströmenden Fremdenergien zurückzuweisen. Die Aura wird meist nur unzureichend oder gar nicht durch zusätzliche Maßnahmen und Techniken geschützt.

Ein geschlossenes Chakra macht sich durch ein plötzlich einsetzendes, nagendes Hungergefühl oder vermeintliche Magen- bzw. Rückenschmerzen bemerkbar. Im positiven Sinne schließt sich dieses Chakra vorübergehend, um sich vor eindringenden Fremdenergien zu schützen. Ist dies allerdings ein Dauerzustand, sollte man dringend über den eigenen Auraschutz nachdenken und ihn verstärken oder sein Umfeld einem gründlichen Clearing unterziehen. Das 11. Chakra ist normalerweise sehr aktiv, was das Filtern der Eigen- und Fremdenergie anbelangt, und sollte daher täglich gereinigt werden (Reinigungs-Übung siehe unter „Klärung von Rana Tanyo", Seite 143 f., im praktischen Teil).

Ein gesundes 11. Chakra findet man bei Menschen, bei denen sämtliche Chakren in Balance sind und die sich mit allem Sein verbunden fühlen. Sie sind bei ihren täglichen Aufgaben im Fluss und glauben fest daran, dass alles in ihrem Leben einen Sinn hat – Gutes und weniger Gutes.

Stichworte:

Auraschutz
Gedankenkontrolle
Neue Gesellschaft

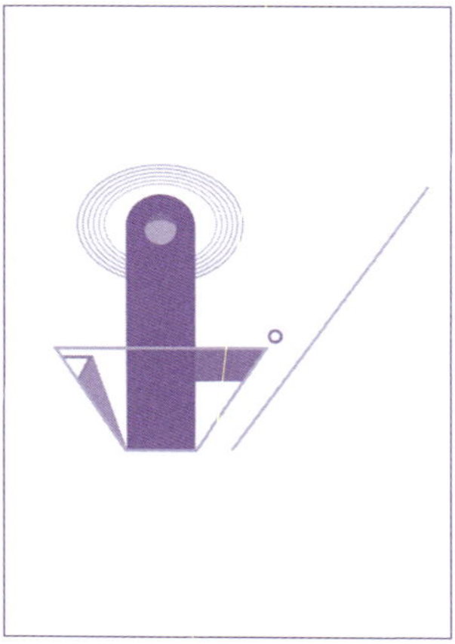

Ratinovinoa

Das 12. Chakra ist die Quelle, aus der alles entspringt. Immer.

Johannes war in seine Meditation vertieft, als er sich plötzlich gewahr wurde, dass sein Arbeitsplatz eine einzige Arena war – der Eitelkeiten, der Habgier, der Manipulation und des unablässigen Machtmissbrauchs. Sein Chef war eigentlich ein Heuchler, der sich zu Hause von seiner Frau missverstanden fühlte und ihren Anforderungen kaum gerecht wurde. Sie hatte immer etwas an ihm auszusetzen und er litt sehr unter ihrem Liebesentzug, den sie immer dann als Machtmittel gebrauchte, wenn es nicht nach ihrem Willen ging. Sie hatte knallharte Vorstellungen, was er alles leisten sollte, im Haushalt, für die gemeinsamen Kindern usw. Aber gleichzeitig liebte sie es, sich nach außen hin mit seiner beruflichen Stellung und Macht zu schmücken. Schließlich war sie ja wer, und so setzte sie das „Spiel", in dem ihr Mann als Büro-Tyrann auftrat, im Privaten mit umgekehrter Rollenverteilung fort. Sie manipulierte ihn bei jeder Gelegenheit, denn ihre Mutter hatte ihr schon früh den folgenden Glaubenssatz eingeimpft: „Ohne den Respekt deines Mannes bist du ein Niemand!" Diesen Respekt musste sie sich jeden Tag verschaffen, allerdings auf eine sehr verquere Art und Weise. Es kam ihr gar nicht in den Sinn, dass er sie wirklich respektieren und lieben würde, wenn sie ihn nicht ständig gängelte, sondern etwas nachsichtiger mit ihm wäre, weil er seine

Hauptenergie schließlich bei der Arbeit einsetzen musste und nicht auch noch zu Hause hundertprozentig funktionieren konnte. Wie sehr wünschte sich ihr Mann, von seiner Frau ab und zu ein Lob zu hören, wie gut er für die Familie sorgte und wie glücklich sie sich schätzte, ein so schönes Heim zu haben und zwei Kinder, denen es an nichts fehlte. Das war sein Herzenswunsch.

Über die Jahre hinweg schien er sich daran gewöhnt zu haben, dass er sie offenbar nie zufriedenstellen konnte. So hatte er seine Ansprüche an sich immer weiter hochgeschraubt und übertrug dies schließlich auf seine Mitarbeiter. Es reichten eben keine hundert Prozent mehr, es mussten einhundertfünfzig sein. Diese Erwartungshaltung wurde ihm jeden Tag von seiner Frau als richtig bestätigt. Als Johannes das Gesamtbild erkannte, ging sein Herz für seinen Vorgesetzten weit auf und er verstand, dass selbst der gestrenge Chef nur ein Mensch war, der sich nach Liebe und Anerkennung sehnte. Tiefes Mitgefühl erfasste ihn und so beschloss Johannes, ihm keine Ablehnung mehr entgegenzubringen, sondern ihn als das zu nehmen, was er wirklich war.

Er visualisierte seinen Chef vor sich und sagte zu ihm: „Ich vergebe dir, Martin Harder, für alles, was du mir angetan hast, und ich bitte dich um Vergebung für alles, was ich dir angetan habe." Kaum hatte Johannes den Satz beendet, fühlte er, wie der Druck auf seinem Magen und in seinem Nacken nachließ. Er sah zwölf energetische Verbindungen zu Boden fallen und das Ebenbild seines Chefs nickte ihm dankbar zu, bevor es sich in einer violetten Flamme transmutierte.

Am nächsten Morgen ergab sich eine gute Gelegenheit, bei der Johannes sein neu erlangtes Wissen auch im echten Leben einsetzen konnte: eine Projektbesprechung in seiner Abteilung. Nach dem Meeting sah er seinem betrübt wirkenden Chef direkt in die Augen, öffnete gleichzeitig sein Herz und sagte: „Ich bewundere Sie, wie Sie es bei der Arbeitslast noch schaffen, solche Ruhe zu bewahren." Sein Chef blickte ihn verwundert an und hielt inne. Irgendetwas schien ihm zu sagen, dass es keine Schmeichelei, sondern ein ehrliches Kompliment gewesen war. Er nickte langsam und lächelte. Johannes dachte auf dem Rückweg in sein Büro: „Das war doch gar nicht so schwer", und nahm sich vor, der weinerlichen Sekretärin, die zwei Zimmer weiter saß, demnächst eine kleine Freude zu bereiten.

Tamago vi hola danaro, na wo dihi!
Denn alle, die mit Gottes Liebe gehen, sind heilig!
Telane

Ratinovinoa bedeutet „Liebe dich unendlich, denn das ist dein Sein". Das 12. Chakra, das neue Herzchakra, befindet sich hinter dem Brustbein und nicht, wie so oft angenommen, weiter links über unserem physischen Herzen. Seine Farbe ist ätherisches Rosa-Violett. Es wirkt auf den Frontalkortex des Gehirns und die Ohrchakren („Ich höre mit Liebe"). Bei der Meditation sollte man darauf achten, dass es immer mit den Handchakren („Ich gebe und nehme mit Liebe") verbunden wird, weil sie als Brücke zu unserer Umwelt dienen. Das 12. Chakra bildet das neue Zentrum der bedingungslosen Liebe und des Mitgefühls für sich selbst, für Mensch und Umwelt sowie für das Universum.

Ich möchte noch ergänzen, dass man zuweilen bei der Öffnung des 12. Chakras vor ein paar harte Proben gestellt wird. Diese können in Gestalt von sehr unangenehmen, echten Quälgeistern im Alltag auftreten, bei denen man sehr beherrscht bleiben muss, um in der Liebe und Zentrierung zu bleiben. Dann heißt es: Drittes Auge auf, die Wahrheit erkennen und in die Liebe gehen. Denn diese Seelen lieben uns so sehr, dass sie sich uns als Widersacher zur Verfügung gestellt haben.

Bedingungslose Liebe und Mitgefühl

Die beiden Herzensqualitäten „bedingungslose Liebe" und „Mitgefühl" werden nach meiner Erfahrung oft fehlinterpretiert und obendrein auch noch von vielen verwechselt.

Die selbstlose Liebe ist, anders als die bedingungslose Liebe, dem eigenen Wohlbefinden sehr abträglich. Jemand liebt selbstlos, ohne Rücksicht auf seine persönlichen Bedürfnisse und Kraftreserven, und zwar so lange, bis er sich völlig verausgabt und nichts mehr zu geben hat (Burn-out-Gesellschaft). Aber wem kann man dann noch helfen oder Liebe zukommen lassen, wenn die ganze Energie aufgezehrt ist, die einen am Leben erhalten soll? Jahrelang fließt durch diese Überbeanspruchung unkontrolliert Energie über die Hände aus dem Herzchakra ab und führt zu seiner Deformierung, was letztendlich allen Chakren schadet. Eine Folgeerscheinung besteht darin, dass sich der Mensch zu seinem eigenen Schutz vehement durch Unfreundlichkeit, Bissigkeit, Ablehnung und Krankheit gegen seine Umwelt abgrenzt. Langfristig kann dadurch sogar eine Körper-Seele-Geist-Spaltung ausgelöst werden, bis hin zu Selbstmordabsichten.

Wenn man bedingungslos liebt, gibt man hingegen nur so viel, wie man bereit bzw. imstande ist zu geben, und erwartet insgeheim auch keine Gegenleistung vom Empfänger (wie es bei der selbstlosen Liebe der Fall sein kann). Daher sollte jeder unbedingt seine Glaubenssätze und Energiegewinnungsmuster bei diesem Thema kritisch anschauen und endlich ablegen.

In meinen Kursen führe ich hierzu gern das Beispiel von den beiden Freundinnen Susanne und Barbara an. Susanne möchte für drei Wochen mit ihrem Mann in Urlaub fahren und fragt daher ihre Freundin Barbara, ob sie für diese Zeit auf ihren Garten achten würde. Barbara, die selbst einen großen und üppig wachsenden Garten besitzt, sagt zu, ohne lange zu überlegen. Nach der Abreise der Freundin hat sie fast jeden Tag drei Stunden in Susannes und in ihrem eigenen Garten zu tun. Der Frühsommer ist ungewöhnlich warm und die Pflanzen und der Rasen müssen jeden Tag gewässert werden. Auch sprießen das Unkraut und das Gras wie verrückt, sodass Barbara notgedrungen in den Rabatten kniet und jätet und den Rasen der Freundin mäht. Einerseits möchte sie unbedingt ihr Versprechen halten, damit sie Susanne nicht enttäuscht, andererseits traut sie sich nicht, die Freundin anzurufen, um ihr einzugestehen, dass ihr alles doch zu viel geworden ist, oder aber jemanden um Unterstützung zu bitten. Nach zwei Wochen meldet sich auch noch der Unmut von Barbaras Ehemann, der seine Frau kaum noch zu Gesicht bekommt. Als die drei Wochen endlich vorüber sind, ist Barbara von der anstrengenden Gartenarbeit erschöpft und hat Rückenschmerzen. Sie nimmt sich jedoch fest vor, es das nächste Mal anders zu machen.

Gerade Menschen, die sehr schlecht Nein sagen können, neigen oft zu selbstloser Liebe, weil sie gefallen wollen und durch ihr Entgegenkommen die Gegenliebe und Anerkennung der anderen erwarten und auch einfordern. Sie denken sich: „Wenn ich das alles so zu ihrer/seiner Zufriedenheit erledige, dann wird sie/er dankbar sein und mich gern mögen bzw. lieben."

Wenn man sich in dieser Beschreibung wiedererkennt, sollte man, wenn man um etwas gebeten wird, zuerst einmal die Hände zu Fäusten ballen, bevor man antwortet, um einen unkontrollierten Energieabfluss zu verhindern. Dadurch schließen sich vorübergehend die Handchakren und das Herzchakra. Wem diese Geste als Ablehnung erscheint, der kann seine beiden Handflächen auch aufs Herzchakra legen und erst dann antworten.

Im nächsten Jahr fragte Susanne, die sich sehr über Barbaras Gartenbetreuung gefreut hatte, ob sie sich erneut, aber diesmal für vier Wochen darum kümmern könne. Barbara, die sich nur allzu gut an die damalige Auseinandersetzung mit ihrem Ehemann und an ihre Rückenschmerzen erinnerte, legte schnell ihre Hände auf die Brust, holte tief Luft und sagte:

„Liebe Susanne, ich kann verstehen, dass du mir wieder deinen Garten anvertrauen möchtest, allerdings hatte ich letztes Jahr so viel damit zu tun, dass mir kaum Zeit für mich und meine Familie blieb. Dieses Jahr übernehme ich gern die erste Woche. Für die anderen drei Wochen müsstest du dir aber jemand anderen suchen."

Wir sollten bedingungslos lieben und nicht selbstlos.

Zwischen Mitgefühl und Mitleid gibt es auf den zweiten Blick ebenfalls einen himmelweiten Unterschied. Mitleid kommt zwar aus dem Herzen, aber wer im Wortsinne mit einem anderen leidet, hält ihn dadurch dauerhaft in seiner selbst gewählten Abhängigkeit fest und lässt außerdem weiter zu, dass sich die Person unbewusst von der Mitleidsenergie nährt, um ihr eigenes System damit aufzufüllen. Der Bemitleidete wird so nie gezwungen sein, von seinem Weg des „armen Ichs" abzuweichen. Und Hand aufs Herz: Sind es nicht genau die Nachbarn oder Kollegen, denen wir am liebsten aus dem Weg gehen würden, weil wir ihr ständiges Jammern und Klagen kaum noch ertragen?

Dazu ein weiteres Beispiel aus meiner Praxis von einer fast siebzigjährigen Dame, die ihrem Neffen wegen ihrer chronischen Rückenschmerzen in den Ohren lag. Eines Morgens kam sie auf seine Empfehlung hin zu mir zur manuellen Therapie. Ich fand auch schnell die ausschlaggebenden Punkte am Rücken und behandelte diese zu ihrer vollen Zufriedenheit, wie der junge Mann freudig am nächsten Vormittag am Telefon verkündete. Die Dame erschien eine Woche später erneut, da die Symptome wieder leicht aufgetreten waren. Als sie sich auf der Behandlungsliege niederließ, seufzte sie: „Es ist wirklich schade, wenn meine Rückenschmerzen verschwinden: Dann habe ich ja gar nichts mehr, worüber ich mich beklagen kann." Ich brauche wohl nicht zu erwähnen, dass ich sorgfältig darauf achtete, exakt die gleiche Behandlung vorzunehmen, denn meine Intuition warnte mich. Und dennoch sagte der Neffe am nächsten Tag mit großem Bedauern alle weiteren Behandlungstermine für seine Tante ab.

Die geistige Welt ermahnt mich unablässig, dass wir Mitgefühl entwickeln sollen. Mitgefühl kommt ebenfalls aus dem Herzen, ist aber mit der Weisheit des Dritten Auges verbunden. Das heißt, wir nehmen Anteil an der Situation der anderen Person und durchschauen zugleich, warum sie sich darin befindet. Statt sie nur zu bedauern und den Missstand zu begünstigen, versuchen wir, ihr liebevoll einen Ausweg aufzuzeigen, der geeignet ist, um sich endgültig von ihren schädigenden Mustern und Glaubenssätzen zu lösen, und den sie sich vielleicht sonst zu gehen gescheut hätte. Hierbei wirken das 12. Chakra und 14. Chakra (neues Drittes Auge) stets zusammen. Das Dritte Auge sieht die bedingungslose Wahrheit – wie bei der älteren Dame ihr Bedürfnis nach mehr Aufmerksamkeit, das eigentlich hinter der Krankheit steckte. Mit echtem Mitgefühl würde man sie offen darauf ansprechen und ihr verständlich machen, dass sie ihre Heilung selbst boykottiert, die Rückenschmerzen indirekt als Mittel zum Zweck einsetzt und nun nicht mehr „braucht". Der Neffe könnte seine Tante weiter fragen, auf welche Weise man dem Bedürfnis nach Aufmerksamkeit direkt begegnen könnte. Wäre es ihm oder einem anderen Familienmitglied vielleicht möglich, die Tante alle vierzehn Tage eine Stunde lang zu besuchen, oder könnte man ihr eine Vorleserin oder ein Haustier zur Gesellschaft besorgen? Mitgefühl gibt der Person die Möglichkeit, sich aus dieser ungünstigen Situation zu befreien, aber sie muss es auch selbst wollen.

Mitgefühl ist Herz UND Verstand!

Bedingungslose Liebe und Mitgefühl werden mit der Öffnung des 12. Chakras leichter gelebt und ihre Träger entwickeln sich nach und nach zu Säulen unserer neuen Gesellschaft. Meine fortgeschrittenen Kursteilnehmer berichten mir immer wieder, dass sich wildfremde Menschen vertrauensvoll an sie wenden, ihnen ihre jeweilige Problematik darlegen und die Ratschläge, die sie von ihnen erhalten, gern annehmen und befolgen.

Telane sagt dazu:
„Das Öffnen des 12. Chakras ist etwas ganz Besonderes. Es verbindet den Menschen mit der bedingungslosen Liebe der All-Einheit. Jeder Mensch ist in seinem Wesenskern, der Ur-Essenz seines Seins, liebenswert und verdient es, respektiert zu werden.

Die Anerkennung und Anbindung an die All-eine-Liebe ist ein besonderer Moment, in dem wir uns der Quelle nahe fühlen. Ihre Liebe ist so allumfassend und so großartig, dass wir oft zu Tränen gerührt sind, wenn wir schließlich entdecken, wie sehr wir wirklich geliebt werden. Die Bindung an das Herz der Quelle bringt die Liebe auf die Erde zurück, denn das ist es, was sie jetzt am dringendsten braucht – die Liebe der Quelle, der All-Einheit, der wahren Quelle und Macht. Die Menschen sollen sich für die Vielfalt, die sie erschaffen haben, lieben und ehren, denn alles ist göttlich im Menschen und verdient, geehrt zu werden. Bringt die Menschen zurück in die Liebe und die All-Einheit."

Herzkristalle

Während meiner Meditationssitzungen mit Klienten, die sich zum Auflösen ihrer Vorleben entschlossen hatten, wurde mir immer wieder das Bild von drei goldenen konzentrischen Kreisen in ihrem Herzchakra gezeigt. Ich konnte mir zunächst nicht erklären, warum, und gab die Frage an den Kosmos ab. Seine Antwort ließ nicht lange auf sich warten (und sie kommt ja immer auf sehr ungewöhnliche Weise). Diesmal in Form eines Spielfilms, den ich mir ein paar Tage später ansah: Es ging darum, ob die bei einer Ausgrabung gefundenen Gebeine von Jesus von Nazareth stammen könnten oder nicht. Die Archäologin meinte, dass sich dies nicht mit Sicherheit sagen lasse, denn es würden die üblichen Symbole fehlen. Daraufhin malte sie einen Fisch und drei konzentrische Kreise in den Sand.

In den letzten Jahren konnte ich mehrfach beobachten, wie sich viele Menschen ihre drei klaren oder rosafarbenen Herzkristalle (siehe KARMISCHE STRUKTUREN) von anderen Seelen zurückgeholt haben, die diese für sie trugen, bis sie ihre Lernaufgabe erfasst und umgesetzt hatten. Die Herzkristalle stehen für die Selbstliebe, die man sich entgegenbringen soll. Danach fügten sich die Herzkristalle passgenau in die goldenen Kreise von unterschiedlicher Größe ein: klein, mittel und groß. In den anschließenden Monaten stellten die Teilnehmer außerdem fest, dass sie nun mit großer Leichtigkeit sich selbst und ihre Mitmenschen annehmen und lieben konnten. Das äußerte sich dadurch, dass sie im Umgang mit sich und anderen wesentlich sanfter und verständnisvoller waren. Dabei sind ihre Kristalle nicht selten von Seelen oder Personen getragen worden, die sie in dieser Inkarnation schikaniert oder sogar gequält hatten.

Aus der Praxis: Nach dem Erhalt ihres zweiten Herzkristalls starrte mich eine Klientin mit großen Augen an und sagte dann mit fester Stimme: „Ich weiß genau, wo mein dritter Kristall ist. Bei dem Mann, der mich damals missbraucht hat. Aber ich bin bereit, ihn mir wiederzuholen, damit mein Herz ganz werden und ich den Schmerz loslassen kann."

Zu meiner großen Freude habe ich sehr positive Veränderungen bei Menschen erlebt, die schon alle Hoffnung aufgegeben hatten.

Ein überbeanspruchtes 12. Chakra findet man, abgesehen von Kristallkindern, vor allem bei Therapeuten, Heilern, Ärzten und sozial engagierten Menschen, die sich energetisch nicht abgrenzen oder schützen. Sie neigen nicht nur dazu, die negativen Energien von ihren „Schützlingen" abzusammeln und selbst aufzunehmen, sondern sich auch noch bis zur Erschöpfung zu verausgaben. Die Kontrollrose (siehe Seite 134), die wir bei der Meditation einsetzen, weist bei unkontrollierter Energieaufnahme eine quadratische Form und bei unkontrolliert abfließender Herzenergie eine elliptische Form auf. Diese Menschen versuchen oft, ihre fehlende Selbstliebe durch die Liebe und Anerkennung von anderen zu ersetzen, was zu den alten karmischen Mustern gehört, die man von co-abhängigen Beziehungen kennt. Diese Rechnung geht allerdings nicht auf. Daher sollte dieses Chakra mit den mit ihm verbundenen Handchakren ganz besonders geschützt werden.

Ein geschlossenes 12. Chakra zeigt sich bei Trauer, nach Betrug und bei Misstrauen sowie bei den folgenden Glaubenssätzen: „Ich bin nicht liebenswert", „Ich habe nichts zu geben" und „Ich darf nicht lieben, sonst werde ich verletzt". Auch die verlorene Verbindung zur Quelle und ihre Verneinung können Gründe dafür sein.

Bei einem gesunden 12. Chakra zeichnet sich der Mensch durch seine liebende und großzügige Art im Umgang mit anderen aus. Durch unsere Anwesenheit öffnen wir das Herzchakra der Menschen um uns herum.

Für mich ist das geöffnete und abgestiegene 12. Chakra das Herz der All-Einheit, das in uns verankert ist und unser Denken und Handeln bestimmt.

Die Übung „Anbindung an das Herz der Quelle" findet sich im praktischen Teil am Ende des Buches, Seite 146 f.

Stichworte:

Bedingungslose Liebe
Mitgefühl
Geben und Nehmen im Gleichgewicht

Johannes befand sich wieder auf dem Weg zur Quelle und zu den Herren des Karmas. Diesmal war er mit Kisten und Büchern beladen, die er abgeben wollte. Er schwankte unter der schweren Last und hielt sich nur mit Mühe aufrecht. Endlich hatte er es geschafft und stand vor der Tür, die nur leicht angelehnt war. Er stieß sie mit dem rechten Fuß auf und schob sich hindurch. Seine göttlichen Helfer waren dicht hinter ihm und schleppten ebenfalls Kisten. Wie üblich saß der Jemand an seinem Tisch und blickte nur kurz auf. Johannes grüßte höflich und fragte, ob er seine Last auf dem Tisch stapeln dürfe. Der Jemand bejahte dies, wies ihn und die Helfer jedoch an, die Gegenstände auf einem anderen Tisch abzulegen. Johannes und seine Engel folgten der Aufforderung und wollten sich gerade auf den Rückweg machen, als der Jemand ihnen Einhalt gebot.

Er wandte sich Johannes zu und sagte: „Ihr sollt ins Haus hinübergehen." – „In welches Haus?", fragte Johannes, denn er kannte keines. Plötzlich zupfte etwas an seinem Hosenbein. Johannes schaute nach unten auf einen Biber, der neben ihm erschienen war. Er musste lachen: „Wer bist du denn?" Der Biber antwortete: „Ich soll dich durch das Haus der Quelle führen. Mein Name ist Radoran. Würdest du mir bitte folgen?" Johannes lachte erneut und folgte dem Biber, der sehr redselig war, kopfschüttelnd. Sie gingen zunächst durch eine Tür auf der linken Seite und schlugen dann einen gewundenen Pfad durch verschiedenfarbige Nebel ein, der immer weiter nach oben zu führen schien. Schließlich erblickte Johannes ein unvorstellbar großes, weißes, strahlendes Gebäude. Sie hatten ihr Ziel fast erreicht. Radoran schmunzelte und fragte Johannes, ob er dieses Haus zum ersten Mal aufsuchen würde. Johannes war immer noch überwältigt von dem Anblick, aber er nickte. Radoran kannte sich offenbar sehr gut aus und wusste, durch welche der vielen Türen man hineingelangte. Sie betraten eine riesige Halle mit mächtigen weißen Säulen. Es war keine Seele zu sehen. Radoran lief eifrig weiter vor Johannes her und führte ihn durch die Halle und zwischen den Säulen hindurch zu einer genauso eindrucksvollen Freitreppe. Er bedeutete Johannes, ihm ins erste Stockwerk zu folgen. Sie bogen noch zweimal links ab und standen schließlich vor einer rosa-weiß leuchtenden Tür. Radoran klopfte kurz an und trat ein.

In dem hellen Raum stand ein großer weißer Tisch und um diesen herum erkannte Johannes drei Wesen von unbestimmbarer Gestalt. Eines fragte: „Was wünscht ihr von uns?" Radoran antwortete für Johannes, der vor Erstaunen kein Wort herausbrachte und auch nichts zu antworten gewusst hätte. „Wir sind hier, weil Tirago alle seine Herzkristalle zurückbekommen hat und er die Anbindung ans Herz der Quelle wünscht." – „Wünsche ich das?", fragte Johannes den Biber. „Ja, das tust du!", entgegnete Radoran. „Aber woher soll ich wissen, ob mir das gefällt?", fragte Johannes. „Komm", sagte der Biber. Sie verließen den Raum wieder und drei Türen weiter klopfte Radoran an eine gold-weiße Tür. „Herein", sagte eine tiefe und unendliche weiche Stimme, die Johannes die Tränen in die Augen trieb. So betrat er halb blind hinter dem Biber das Zimmer. „Was kann ich für euch tun?", fragte diese wunderbare Stimme und Johannes konnte bei ihrem Klang kaum noch an sich halten, so sehr wünschte er sich, ihr für immer nahe zu sein.

„Herr, Tirago fragt sich, ob er sich an das Herz der Quelle anbinden lassen möchte", sagte Radoran zu der Stimme. „Tja, das ist seine Entscheidung, aber wenn es Johannes hilft, reiche ich ihm gern die Hand", erwiderte die Stimme. „Ja, das will ich", schluchzte Johannes, und er wurde von dieser wunderbaren Stimme umhüllt und gab sich der alles erfüllenden Liebe hin, die ihn durchströmte. Noch nie, so lange er zurückdenken konnte, hatte er sich so geliebt gefühlt, und er wusste, dass diese Stimme ihn nie im Stich lassen oder enttäuschen würde. Er fühlte sich unendlich geborgen ... da, wo er sein wollte, wo alles seinen Anfang und sein Ende gehabt hatte und haben würde. Er war da. Endlich.

Nach einer langen Zeit entfernte sich die Stimme von ihm und Johannes kam wieder zu Bewusstsein. Er war immer noch von diesem gleißend hellen, wunderbaren Licht umgeben, aber er schien gesättigt zu sein, er konnte jetzt wieder von der

Stimme lassen. Aber was wäre, wenn der alte Zustand wieder eintreten würde? Leichte Panik erfasste Johannes. „Mach dir keine Sorgen", sagte der Biber, „deswegen willst du dich ja auch an das Herz der Quelle anbinden lassen, damit du diese Energie jederzeit wieder erfahren kannst." Ja, das wollte Johannes. „Zeig mir den Weg zurück, Biber, entschuldige: Radoran." Johannes blickte sich um, aber das Licht war verschwunden. Radoran führte Johannes wieder in das Zimmer mit den drei Wesen. Diese baten Johannes nun, seine Kleidung abzulegen und sie in einer Schale mit violetter Flamme zu verbrennen. Ohne zu zögern, legte Johannes seine Kleidungsstücke, eins nach dem anderen, hinein, bis er schließlich nackt vor ihnen stand. Danach sollte er sich auf den Tisch legen. Johannes folgte der Aufforderung und fühlte mit Verwunderung, dass die Oberfläche des Tischs gar nicht kühl war, wie er angenommen hatte. Die drei Wesen beugten sich über ihn. Sie schienen mit einem Röntgenblick ausgestattet zu sein, denn sie stellten mit Genugtuung fest, dass Johannes bereits alle drei Herzkristalle im Herzchakra trug. Daher würde es ein Leichtes sein, ihn mit dem Herz der Quelle zu verbinden. Sie baten Johannes, die folgenden Worte nachzusprechen, die er eigenartigerweise direkt in seinem Kopf zu hören schien: „Ich bitte um die Anbindung an das Herz der Quelle. In Liebe und Achtung zum All-Einen. So sei es." Johannes sprach sie nach und augenblicklich erschien ein rosa-violettfarbener Strahl, der sich durch sein Kronenchakra in seinem Kopf ausbreitete und weiter durch die Chakren bis zu seinem Herzen hin vordrang. Dort füllte er das Herzchakra erneut mit dieser wunderbaren Energie auf und erfüllte schließlich sein ganzes System. Die Wesen verbanden noch sein Herzchakra mit seinen Hand- und Ohrchakren, womit die Einweihung beendet war. Johannes sollte sich nun wieder erheben und seine neu erlangten Fähigkeiten ausprobieren.

Eines der Wesen forderte ihn auf, seine Hände auf Höhe seines Herzchakras zu halten und die Handinnenflächen so ge-

geneinander zu drehen, dass die rechte Handinnenfläche nach unten zeigte und die linke nach oben, als ob er einen Ball halten wollte. Johannes tat, wie geheißen. Nun sollte er sich einen Menschen oder Ort vorstellen, der seiner Meinung nach der göttlichen Liebe der Quelle bedurfte. Johannes brauchte gar nicht lange zu überlegen, denn es tauchten sofort vier Miniaturausgaben von Personen aus seinem Leben auf seiner linken Handfläche auf, die ihn erwartungsvoll anblickten. Johannes staunte nicht schlecht, was in diesem Bereich alles so leicht möglich war. Er blickte die Wesen fragend an. In seinem Kopf hörte er die Anweisung: „Lass das rosa Licht aus deinem Herzen einfach durch deine Hände fließen." Johannes dachte es und es geschah. Er sah das rosa-violette Licht, von seinem Herzchakra ausgehend, durch seine Arme fließen und schließlich durch seine Handinnenflächen austreten. Die Miniaturmenschen wurden von oben bis unten von dem rosa-violetten Licht durchdrungen. Sie fühlten sich sichtlich wohl unter dieser Dusche der bedingungslosen Liebe der Quelle. Als sie genug hatten, verschwanden sie genauso plötzlich, wie sie auf der Handfläche erschienen waren, aber nicht, ohne sich bei Johannes dafür zu bedanken. „Funktioniert einwandfrei", hörte Johannes das Wesen sagen. Er sollte nun seine Hände zusammenführen oder aneinanderreiben, um den Strom aus rosa-violettem Licht zu unterbrechen. Johannes folgte erneut der Anweisung.

Erst jetzt fiel im auf, dass er immer noch unbekleidet im Raum stand, was hier aber niemanden zu stören schien. Was hatte einer der Herren des Karmas doch gesagt? „Hier gibt es keine Schuld und keine Scham." Na, also. Dennoch wollte Johannes nicht nackt zur Erde zurückkehren. Er sah sich um und entdeckte rechts neben sich einen Stapel mit weiß-goldener Kleidung. Das Wesen an seiner linken Seite nickte wohlwollend und Johannes zog sich die neuen Kleider an. Sie waren wie für ihn gemacht und der Stoff fühlte sich wunderbar weich und anschmiegsam an auf der Haut. Zum Schluss fand er noch eine

Krone, die ihm das Wesen auf den Kopf setzte. Die Krone sollte ein Symbol für seine Meisterschaft sein. Da erblickte Johannes den Biber, der, wie gerufen, wieder an seiner Seite stand und ihn begrüßte. Johannes bedankte sich bei ihm und bat ihn, ihm den Ausgang und Rückweg zu seinem irdischen Zuhause zu zeigen. „Diesmal nehmen wir eine Abkürzung", entschied der Biber und stoppte vor einem Fahrstuhl. War denn das zu fassen? Die Tür des gläsernen Fahrstuhls öffnete sich auf Knopfdruck und der Biber betrat den Fahrstuhl und Johannes nach ihm. Jetzt erkannte Johannes auch eine Vielzahl an Tasten für die jeweiligen Stockwerke. Der Biber drückte eine davon mit der Aufschrift „HIER UND JETZT". Die Tür schloss sich und der Fahrstuhl setzte sich in Bewegung. Als sie sich wieder öffnete, stand Johannes direkt vor seinem Meditationssessel. Er sah sich selbst darauf in entspannter Haltung sitzen, fast schlafend. Er trat aus dem Fahrstuhl hinaus in sein Zimmer. Der Biber nickte ihm noch kurz zu und sagte: „Jederzeit, wenn du mich brauchst." Radoran drückte den Knopf und die Tür schloss sich augenblicklich, noch bevor Johannes Gelegenheit hatte, sich von ihm zu verabschieden. Johannes blickte auf seinen physischen Körper herunter, der dort im Sessel saß, und er folgte intuitiv dem Bedürfnis, sich ebenfalls in den Sessel zu setzen, um wieder mit seinem irdischen Körper zu verschmelzen.

Die spirituellen Chakren 13, 14 und 15

Diese Chakren können sich nur dann öffnen, wenn die nötigen Voraussetzungen, das heißt ein spirituelles Verständnis und die entsprechende Umsetzung geschaffen wurden. Über die höheren Chakren lassen sich viele Kenntnisse und wirksame Techniken erlangen, die uns der Kosmos großzügig zur Verfügung stellt. Da aber mit diesen Einsichten auch eine höhere Verantwortung für den Aufstieg und die neue Erde verbunden ist, werden sie nicht jedem so einfach preisgegeben. Mit gesteigertem Bewusstsein und Verantwortungsgefühl werden viele von uns die neuen Chakren öffnen, wodurch mehr und mehr Details über unsere Herkunft, Parallelwelten und Dimensionen sowie die Sternenwesen auf die Erde gelangen. So mancher bittet mich, die Symbole und karmischen Zusammenhänge auf energetischer Ebene anzusehen, die er empfangen hat. Oft sind die Informationen noch lückenhaft, aber die fehlenden Mosaiksteinchen fügen sich nach und nach ein und in nicht allzu ferner Zukunft wird das vollständige Bild der Wahrheit sehr klar und deutlich vor uns liegen. Da immer mehr der Neuen Kinder, besonders die Kristallkinder, in der Lage sind, auf altes Wissen aus dem Kosmos und den Vorleben zurückzugreifen, erhält die Gemeinschaft in immer schnellerer Abfolge die Informationen, die sie braucht, um sich wirksam zu verändern.

Es gibt bereits die unterschiedlichsten Ausrichtungen, wie etwa Feng-Shui, Schamanismus oder Engelarbeit, die jede auf ihre Weise der Menschheit dieses erweiterte Wissen vermitteln und in das morphische Feld einspeisen. Leider wird dieser Entwicklungsprozess nach wie vor von alten Zyklen sowie starren Mustern behindert, an denen viele Lehrer noch festhalten. Aber je mehr Menschen sich ihrer eigentlichen Herkunft und Aufgabe auf diesem Planeten bewusst werden, desto höher ist die Wahrscheinlichkeit, dass sich die Dinge noch zum Guten ändern und wir in eine Gesellschaftsform hineinwachsen, die dem Wohle aller dient und keinem mehr schadet.

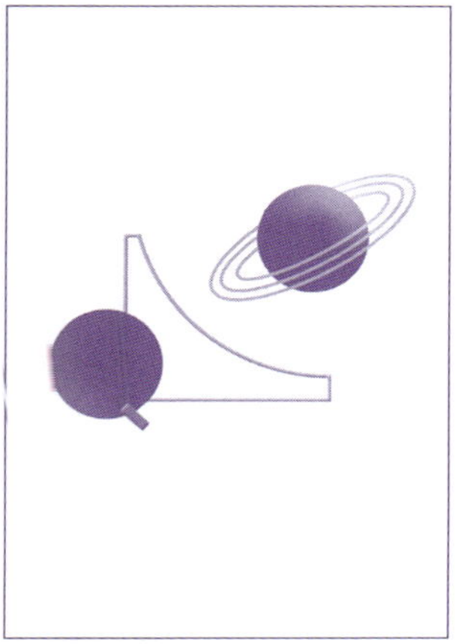

Tikadiva

Das 13. Chakra ist der Platz, an dem die Einsicht mit Weitsicht stattfindet.

Johannes hatte sich wieder in sein Meditationszimmer zurückgezogen, um in Ruhe über die Ereignisse der letzten Tage nachzudenken, und es waren viele gewesen. Die Erde schien sich immer schneller um ihn und seine Familie zu drehen. Die Menschen waren nicht mehr dieselben und immer häufiger kapselte er sich von seinen alten Freunden und Kollegen ab. Ihre negativen Ansichten waren für ihn nicht mehr nachvollziehbar, denn tief im Inneren wusste er, dass für alles gesorgt war und dieser Zustand der Fülle, den er und seine Frau Evelyn sich erschaffen hatten, nur beeinträchtigt werden würde, wenn er sich den ablehnenden Gedankenformen und Ängsten, die ihm sein Umfeld aufzwingen wollte, hingab. Wenn er doch nur umfassender sehen und hören könnte, vielleicht hätte er dem Einen oder Anderen eine bessere Lösung anbieten können!

Seinem Freund Bernd zum Beispiel: Bernd hatte sich schon wieder heftig mit seinen Eltern zerstritten und wollte nun nicht mehr einlenken. Er werde auf keinen Fall nachgeben, hatte er beim letzten gemeinsamen Fußballspiel verlauten lassen; dabei war seiner Aura deutlich anzumerken, dass er in Wirklichkeit sehr traurig über die Abkehr von seinem Vater war. Was genau hinter dieser Problematik steckte, hatte Johannes noch nicht herausfinden können. Wie schade, dass er nicht mehr Informationen darüber aus dem Kosmos erhalten hatte. Denn wenn er seinem Freund erst erklären konnte, was genau es mit dieser Situation auf sich hatte, wäre Bernd eventuell bereit, sich mit seinen Eltern zu versöhnen.

Bernd war ein Einzelkind, dem es nie an etwas gefehlt hatte. Er war Mutters Liebling und ihr ganzer Stolz. Im Alter von mittlerweile sechsunddreißig Jahren hatte er die Frau fürs Leben noch nicht gefunden. Er hatte es, bis auf einige flüchtige Bekanntschaften, nie länger mit einer Partnerin ausgehalten. Daher fragte ihn seine Mutter bei jeder Gelegenheit, ob er denn bis ans Ende seiner Tage Junggeselle bleiben wolle und sie wohl niemals Enkel haben werde. Bernd fühlte sich als Versager, wenn dieses Thema beim Sonntagsbraten angeschnitten wurde. Das letzte Mal war ihm endgültig der Kragen geplatzt und er hatte seine Eltern angeherrscht, dass er sich nicht mehr bei ihnen blicken lassen werde, wenn sie ihm damit weiter auf die Nerven fielen. Er war wutentbrannt vom Tisch aufgesprungen und hatte seine verdutzten Eltern ohne Abschied zurückgelassen.

Auf den ersten Blick erschien das Johannes nicht ungewöhnlich, aber er wusste mittlerweile genug, um zu verstehen, dass es zu dieser Situation nur hatte kommen können, weil drei verschiedene Ebenen aufeinander prallten: Die erste Ebene war die Grenzverletzung, die zweite Ebene die Spiegelung einer oder mehrerer Herzensqualitäten, über die Bernd noch nicht oder nur unzureichend verfügte, und die dritte Ebene war Karma. Also begab sich Johannes in die Meditation, in der Hoffnung, Bernd einen Ausweg anbieten zu können. Aber vorher fragte er seine göttlichen Helfer, ob es ihm denn gestattet sei. Zu seiner Freude und Überraschung vernahm er innerlich ein Ja (Johannes hatte so etwas vorher noch nie getan). Aber um ganz sicher zu gehen, rief er nach seinem Freund Bernd. Das Höhere Selbst von Bernd erschien augenblicklich rechts neben ihm und sah ihn erwartungsvoll an. „Bernd, erlaubst du mir, dir zu helfen?", fragte Johannes Bernds Höheres Selbst. Die Antwort kam prompt: „Bitte, tu, was du tun kannst. Ich danke dir."

Als Erstes sah er sich Bernds Position zu seinem Vater und seiner Mutter an. Bernds Vater stand rechts, seitlich hinter ihm, vielleicht etwas zu nahe an seinem Sohn, aber immerhin außerhalb seiner Aura. Er schien diesen auch nicht energetisch manipulieren zu wollen, denn Bernds Erdung auf der rechten Seite wirkte stabil. Johannes sah nur eine Verbindung in Bernds Leber (Wut und Ärger) und Niere (Angst), was auf Bernds Gefühlsausbruch zurückzuführen war. Also schien der Vater nicht der eigentliche Ursache des Problems zu sein.

Nun nahm sich Johannes die linke Seite von Bernds Aura vor und staunte nicht schlecht. Wo eigentlich Bernds Lebensgefährtin hätte stehen sollen, hatte sich seine Mutter breitgemacht! Sie stand übergroß und dominierend an seiner linken Seite, als ob sie seine Ehefrau wäre. Kein Wunder, dass die Damen immer so schnell Reißaus nahmen, denn der Platz war eindeutig besetzt. Die fehlende Abgrenzung zur Mutter war daher als Grund Nummer eins anzusehen. Johannes nahm sich vor, seinem Freund dieses Thema behutsam nahezubringen, denn dieser Platz musste leer sein, damit sich eine Lebensgefährtin überhaupt materialisierte.

Danach nahm er sich die nächste Ebene vor: die Spiegelung der Herzensqualität. Johannes ahnte schon, in welche Richtung es hier gehen würde. Bernd war kein Schönling, nach dem sich die Frauen umdrehten, aber man konnte ihn auch nicht „hässlich" nennen. Er hatte eine gute Position an einem sicheren Arbeitsplatz und war außerdem ein großzügiger Mensch, der Frauen mit Achtung begegnete und niemals abfällig über sie sprach. Bernd hatte Johannes in einer stillen Stunde anvertraut, dass er sich sehnlichst eine Partnerin wünsche, mit der er sein Leben teilen könne. Kinder seien nicht ganz so wichtig, aber es sei schön, abends nicht immer in eine dunkle und leere Wohnung zu kommen. Er war sich allerdings sehr unsicher, ob er einer „richtigen Frau" wirklich etwas bieten könnte, und hielt sich auch nicht für besonders attraktiv. Deshalb blieb er abends lieber zu Hause und las ein gutes Buch.

Johannes fragte sich, woher dieses geringe Selbstwertgefühl wohl komme und sah sich Bernds Eltern noch einmal genauer an: Bernds Vater war als Beamter im gehobenen Dienst bei der Post tätig gewesen und hatte seiner Familie ein gutes Auskommen gesichert. Er gehörte noch zu der Generation, wo eine Frau nicht dazuverdienen musste, und so hatte die Mutter nie einen Beruf ergriffen und in der Betreuung von Haus und Kind ihren Lebenssinn gefunden. Wenn sie aber jetzt auf Familienfesten gefragt wurde, was sie denn mache, da Bernd doch ausgezogen sei, wurde sie immer ganz still und antwortete, dass sie es zu nichts gebracht habe. Damit war für Johannes klar, von wem Bernd sein geringes Selbstwertgefühl übernommen hatte, und dabei trug er sicherlich noch einen entsprechenden Glaubenssatz von seiner Mutter in sich, der besagt, dass ein Mensch in der Gesellschaft nur dann vollwertig ist, wenn er verheiratet ist – Grund Nummer zwei für die Auseinandersetzung.

Um noch die dritte Ebene zu untersuchen, musste sich Johannes die Vorleben seines Freundes ansehen. Johannes bat um Unterstützung und schon bald hatte er mehrere Inkarnationen gefunden, in denen Bernds Mutter seine Verlobte oder Ehefrau gewesen war, sodass noch diverse ungelöste Eheversprechen und Ehegelübde zwischen ihnen bestanden. Das lieferte Grund Nummer drei und eine weitere Erklärung, warum die Seele von Bernds Mutter mit absoluter Selbstverständlichkeit neben ihm stand. Johannes hatte genug erfahren und beendete die Meditation. Darüber nachsinnend, wie er seinem Freund all dies Wissen am besten vermitteln konnte, überhörte er, dass die Tür aufging und Evelyn den Raum betrat. Sie beugte sich zu ihm herunter und fragte: „Worüber grübelst du denn?" – „Ich habe gerade herausgefunden, welche Ursachen für die Auseinandersetzung zwischen Bernd und seinen Eltern verantwortlich sind, und es hat mir gar nicht gefallen. Ich glaube, dass ich dringend mit Bernd über ein paar Dinge reden sollte, damit er sein Leben selbst in die Hand nimmt ... Denn ich weiß, dass er nicht sehr glücklich darüber ist", antwortete Johannes. „Lass dich von deinem Engel führen, er wird dir sagen, wann der richtige Zeitpunkt ist, damit Bernd für diese Informationen auch zugänglich ist. Aber bei einigen Menschen muss der Schmerz erst richtig groß werden, bevor sie bereit sind zu lernen", erwiderte Evelyn. „Ja, da hast du sicher recht, Liebes!" Johannes sah seine Frau dankbar an und sagte sich zum wiederholten Male, was er doch für ein Glück habe, dass er mit ihr über alles so offen sprechen konnte und sie sich beide in einer spirituellen Partnerschaft ungehindert entwickelten. Gleichzeitig nahm er sich vor, bei der nächsten Gelegenheit einmal seine eigene Aura zu überprüfen.

Tikadiva bedeutet „in der Ferne das Gute sehen und sprechen". Dieses Chakra befindet sich, wie zuvor das 5. Chakra, im Kehlbereich, über der Drosselgrube. In reinem Zustand ist es purpur-dunkelblau, die Farbe des Kosmos, und es wird durch diese spirituelle Energie verfeinert und geklärt. Sobald es sich geöffnet hat, vermag der Mensch, Worte der Liebe und der Hoffnung auszusprechen und diese Schwingung auch weiterzugeben. Die seltsamsten Dinge können geschehen ... Widersacher, über die man vorher nur Schlechtes zu sagen wusste, bedenkt man jetzt mit freundlichen und liebevollen Worten. Man wird zur Stimme des Kosmos und erhält bei entsprechender Eignung sogar die Aufgabe eines Avatars.

In meinem Basiskurs erkläre ich den Teilnehmern, dass das Kehlchakra (5. Chakra) und das Dritte Auge (6. Chakra) unbedingt mit dem Herzchakra zusammenarbeiten sollten. Wenn man nämlich das 6. Chakra öffnet, kommt es oft vor, dass man mit Wahrheiten herausplatzt, ohne darüber nachzudenken, wie sie vom Gegenüber aufgenommen werden. Das Dritte Auge hat zwar die Aufgabe, die Wahrheit zu sehen, aber wenn keine Verbindung zum Herzen besteht, kommen die Worte direkt und ungefiltert vom Dritten Auge über das Kehlchakra. Das führt nicht selten dazu, dass sich die „Wahrsager" bei ihren Mitmenschen unbeliebt machen und diese Angst vor ihnen bekommen, denn wir haben viel vor uns selbst und der Außenwelt zu verbergen.

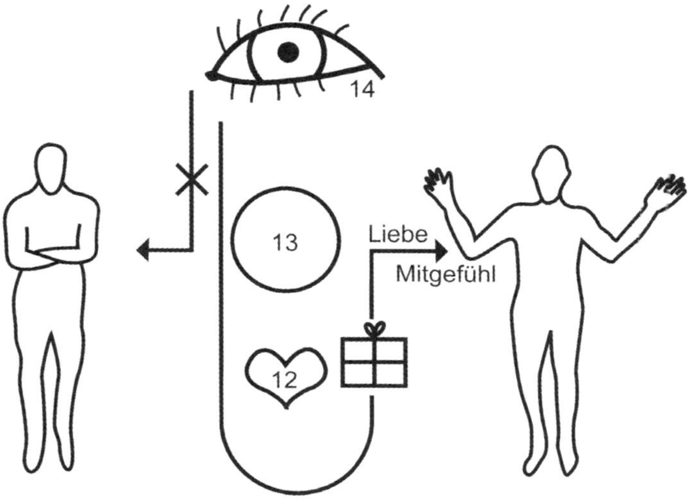

Abbildung 2: Sprechen mit Liebe

Also empfehle ich meinen Kursteilnehmern, mit dem Dritten Auge die Wahrheit zu sehen, diese anschließend über das Herzchakra laufen zu lassen, sie dort quasi in Geschenkpapier einzuwickeln und erst dann, mit einer rosa Schleife versehen, zu überreichen. Beim Aussprechen der Wahrheit sollte man auf seine Wortwahl achten und unbedingt den freien Willen des anderen respektieren. Formulierungen wie: „Du könntest vielleicht ..." oder „Wenn du möchtest, könntest du Folgendes versuchen ..." führen eher dazu, dass der gute Rat auch beherzigt wird. Als Affirmation eignet sich zum Beispiel: „Ich sehe und spreche mit Liebe."

Mit dem Abstieg und der Öffnung von Tikadiva erfährt dieser Vorgang eine spirituelle Erweiterung. Unsere gehetzte und verstandesbetonte Gesellschaft ist mittlerweile sehr visuell geworden, denn wir nehmen unsere Informationen vorwiegend über die physischen Augen auf und kommunizieren über E-Mail, SMS und Internet, das heißt immer weniger unmittelbar von Mensch zu Mensch. Durch das Fehlen der feinen Sinneswahrnehmungen wie Mimik und Tonfall, die bei einem persönlichen Austausch hineinspielen würden, verliert man aber die Fähigkeit, seinen Gesprächspartner mit dem Herzen in seiner Gesamtheit wahrzunehmen. Bei Tikadiva soll die Wahrheit nicht nur mit Mitgefühl angereichert und gesprochen werden, sondern man lässt auch das zusätzliche kosmische Wissen einfließen.

Im drittdimensionalen System befand sich das 13. Chakra noch über dem physischen Körper und die empfangenen Licht- und Tonsprachen, über die die höheren Wesenheiten mit uns kommunizieren, wurden über das Alpha-Chakra an das alte Dritte Auge weitergeleitet. Das Alpha-Chakra stellt neben dem Omega-Chakra ein weiteres Steuerungschakra dar und liegt 15 bis 20 Zentimeter über und etwa 5 Zentimeter vor der Kopfmitte. Dieser Umweg über das Alpha-Chakra entfällt durch den Chakrenabstieg, die Licht- und Tonsprachen können direkt zum neuen Kehlchakra gelangen und somit deutlicher wahrgenommen werden.

Über dieses Chakra verbindet man sich mit noch höheren Energien, als man es über das 10. und das 11. Chakra hat. Nicht selten antworten Aufgestiegene Meister, Herren des Karmas oder sogar die Quelle selbst. Dadurch erschließen sich einem Wissensbereiche in ungeahntem Ausmaß, und man erhält zudem die Möglichkeit, über die siebte bis neunte Dimension zu arbeiten, die auch „Schöpfungsebenen fürs Erdenleben" genannt werden. Über das 13. Chakra und auch die nachfolgenden Chakren erlangen wir die Fähigkeit zur Manifestation unserer Wünsche und Ziele – allen zum Wohle und keinem zum Schaden.

Doch wer glaubt, dass die höheren Chakren so leicht zu öffnen wären, hat sich getäuscht. Denn als Voraussetzung ist ein bestimmter Grad an Verantwortung nötig und (Gott-)Vertrauen. Dazu fällt mir der berühmte Ausspruch aus dem Film *Spider-Man* ein, der für den Werdegang der Hauptfigur von entscheidender Bedeutung ist: „Aus großer Kraft folgt große Verantwortung" (Englisch: „With great power comes great responsibility"). Mit diesen Fähigkeiten darf man die Hände nicht mehr in den Schoß legen und so weitermachen wie bisher.

Viele haben nur die Vorteile im Blick, wenn sie doch nur endlich mit klarer Stimme ihre Geistführer und ihren Strahlenlenker hören könnten. Meiner Erfahrung nach bringt jedoch die gesteigerte Fähigkeit auch die Notwendigkeit mit sich, mit mehr Aufwand einen reinen Kanal ohne Zwischenreden von niederen Energien herzustellen. Schließlich ist ein Medium nur so gut wie die Reinheit oder Klarheit der Verbindung. Es sorgt stets für erstaunte Gesichter, wenn ich meinen Kursteilnehmern beibringe, wie man Stimmen voneinander unterscheidet. Denn was nützen einem seitenlange Durchsagen, die man fein säuberlich notiert oder mitgeschnitten hat, um dann festzustellen, dass sie „nur" von einem aufgebrachten Toten stammen, den man irrtümlich für Erzengel Michael gehalten hat? Wer hellsichtig ist, hat eindeutig bessere Karten, weil er sich nicht allein aufs Hören verlassen muss. In der geistigen Welt gibt es wahre Meister der Verstellung! Ich habe einmal eine Bekannte beim Channeln beobachtet und miterlebt, wie sich zwei Energien einen Spaß daraus machten, sie an der Nase herumzuführen. Beide neckten und stritten sich, wer nun welche Antwort geben sollte. Ich halte meine Teilnehmer dazu an, möglichst alle vier Hs (Hellsichtigkeit, Hellfühligkeit, Hellwissen und Hellhörigkeit) auszubilden, einzusetzen und keinesfalls zu leichtgläubig zu sein. Channeln ist eine Kunst, die zunächst eine gewisse Distanz und Aufmerksamkeit erfordert, aber vor allem Übung.

Vertrauen

Die Seelenqualität, die mit dem 13. Chakra einhergeht, ist Vertrauen. Vertrauen wird früh in der Kindheit vom leiblichen Vater mitgegeben. Wenn wir uns jedoch vor der Inkarnation einen Vater ausgesucht hatten, der uns keine Sicherheit und Geborgenheit geschenkt hat, da er vielleicht abwesend war, ergeben sich dadurch sehr oft Störungen bei der Erdung auf der rechten Seite des feinstofflichen Körpers. Aber wie soll eine Seele hier auf der Erde wirken können, wenn sie nicht richtig geerdet ist? Um diesen Zustand aufzuheben, muss man zunächst erkennen, warum die eigene Wahl damals auf diesen Vater als Lernpartner gefallen war. Warum wollte man unbedingt diese besondere Erfahrung machen? Auch die Frage nach dem Selbstvertrauen ist von entscheidender Bedeutung. Wer nämlich kein Urvertrauen kennt, weil es durch den Vater nicht gebildet wurde, dem fehlt später oft auch das eigene Selbstvertrauen.

Darüber hinaus haben solche Menschen meistens kein Vertrauen in den Kosmos und in ihre geistige Führung. Das Kronenchakra ist geschlossen und der Betroffene leugnet das Vorhandensein der Quelle. Das trifft besonders auf Opfer von Gewalttätern zu.

Um die Chakren 13 bis 15 öffnen zu können, muss man also auch absolutes Vertrauen in die göttliche Führung haben und anerkennen, dass alles, was einem widerfährt, von einem selbst erschaffen worden ist. Erst dann kann man richtig mit diesen Chakren arbeiten. Was nützt einem schließlich das schönste Wissen, das einem offenbart wurde, wenn man es nicht als Wahrheit für sich annehmen kann und danach handeln will?

Vertrauen in die Stimmen des Kosmos und seine eigenen spirituellen Fähigkeiten scheint eines der schwierigsten Unterfangen auf dem Weg zur Meisterschaft zu sein. Mit schöner Regelmäßigkeit bringt uns unser Mentalkörper (Ego) mit seinen logischen Einwänden und Zweifeln von unserer göttlichen Führung und unserem eigentlichen Weg ab. Die Bequemlichkeit tut ihr Übriges, wenn der Weg auch noch sehr holperig zu sein droht.

Ich werde immer wieder gefragt, wie man dieses Gottvertrauen entwickelt, und es scheint zwei Wege zu geben: Der eine ist kurz hart und der andere kann jahrelang dauern, ist im Gegensatz dazu aber nicht lebensbedrohlich. Ein unerschütterlicher Glaube an die Quelle und ihre Führung wird bei denjenigen ausgelöst, die von oben auf den ersten Weg gebracht werden. Das kann mit sich bringen, dass sie alles, aber auch alles, was ihnen in ihrem bisherigen Leben lieb und teuer war, über Nacht oder innerhalb sehr kurzer Zeit verlieren. Sie stehen plötzlich vor dem Nichts, vor dem körperlichen, finanziellen oder emotionalen Ruin. Egal was sie unternehmen, nichts und niemand scheint ihnen noch helfen zu können. Also wenden sie sich endlich an die einzige Quelle der Hoffnung, die ihnen noch offensteht, und bitten um Beistand.

Jetzt werden die Zweifler wieder sagen: „Ja, aber wo war denn die Quelle vorher, als ich schwer krank geworden bin, warum hat sie mir da nicht geholfen?" Wenn dies auf dich zutrifft, möchte ich gern wissen, ob du schon einmal ein Medium gefragt hast, weshalb du dir gerade diese Situation erschaffen hast? Wie lautete die Antwort? Die Menschen sind Meister der Verdrängung und der Zuweisung von Schuld. Wenn du jedoch genau hinsiehst und deinen Weg zurückverfolgst, fallen dir vielleicht die vielen kleinen Situationen auf, in denen du schon etwas merken und anders hättest handeln können. Aber du warst noch nicht bereit, oder?

(Gott-)Vertrauen ist eine wunderbare Gabe, dennoch möchte ich keinem raten, aus Ehrgeiz und Hochmut den ersten Weg zu gehen, weil ihm der zweite Weg zu langwierig erscheint. Das könnte wie ein Bumerang zu ihm zurückkommen.

Bei einem überdimensional großen 13. Chakra besteht die Gefahr, dass man Stimmen im Innern vernimmt, die einem vielleicht lieblose Dinge sagen oder sogar Anweisungen geben, damit man sich selbst Schaden zufügt. In einem solchen Fall sollte man sein 13. Chakra sofort schließen und den jeweiligen Ursachen dafür auf den Grund gehen.

Ein geschlossenes 13. Chakra weist darauf hin, dass der Mensch seine geistig-spirituelle Entwicklung verneint. Es besteht keine Kommunikation und keine Verbindung mit Geistführern, Schutzengeln und mit der Quelle. Der Betroffene kann schlecht zuhören und ist nicht bereit, seine bisherige schädliche Lebensweise aufzugeben.

Mit einem gesunden 13. Chakra gibt man häufig Weisheiten von sich, die nicht von einem selbst stammen können. Solche Menschen sind medial, auch ohne sich in der Meditation zu befinden. Sie sind sehr mitteilsam, zuverlässig und ausdauernd; gehen ihren ureigenen Weg, weil sie den höheren Sinn verstehen und annehmen. Sie haben Gottvertrauen.

Stichworte:

Verantwortung
Vertrauen
Demut

Telane sagt dazu:
„Um dieses Chakra zu öffnen, halte dein Kehlchakra eine Zeit lang geschlossen, es bedarf des Umbaus. Nutze diese Zeit und rede wenig und wenn, dann nur mit Bedacht. Verbinde dein Herz mit deiner Seele. Geh mit deiner Aufmerksamkeit in dein Herz, wenn du sprichst, und wähle die Worte der Liebe „könntest", „solltest" und „wolltest". Halte deine Gedanken rein, wenn du sprichst. Lege die alten Vorstellungen und Gedankenmuster ab. Bewerte die anderen nicht, wenn du über sie sprichst. Es ist nicht deine Aufgabe, sie zu richten, sondern zu lieben. Sprich mit Liebe und dein Herz und dein Verstand werden sich öffnen."

Die vollständige Übung „Öffnung von Tikadiva" findet sich im praktischen Teil des Buches, Seite 149 ff. Es sei erwähnt, dass die Öffnung dieses Chakras mit sehr starken körperlichen Symptomen einhergehen kann. Daher sollte man die Öffnung in eine Zeit verlegen, in der man keine Reden oder Vorträge halten muss.

Rago dano vido!
Ich spreche mit der Liebe und dem Wissen der All-Einheit!
Telane

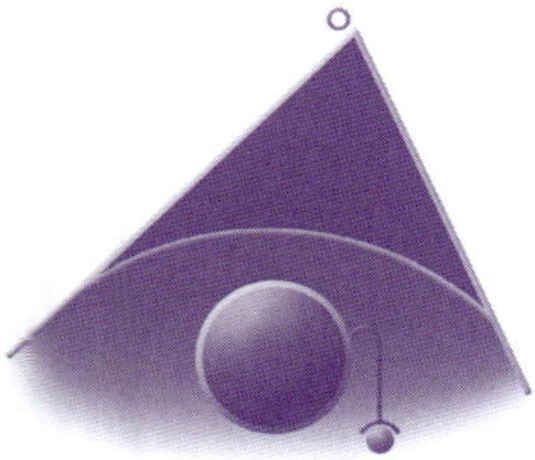

Ra Do Ma Na

Das 14. Chakra ist der Anfang und das Ende der Weite des Kosmos.

Johannes war müde und sagte seiner Frau Evelyn, dass er sich für ein Schläfchen ins Meditationszimmer zurückziehen werde. Die Sonne schien durchs Fenster hinein und wärmte ihn, als er es sich auf dem Sofa bequem machte. Um sich besser entspannen zu können, zündete er einige Räucherstäbchen an und schloss die Augen.

Johannes ließ seine Gedanken umherschweifen und fand sich zu seiner Überraschung bald vor der Tür der Herren des Karmas wieder, ohne zu wissen, wie er dort hingelangt war. Johannes zögerte, ob er eintreten sollte. Er blickte neben die Tür und entdeckte zu seiner Freude den Weg zum Haus der Quelle, den er mit dem Biber Radoran schon einmal gegangen war. Sollte er den Weg jetzt allein einschlagen? Johannes hielt erneut inne, aber irgendetwas zog ihn auf diesen Weg. So folgte er dessen Windungen und dachte dabei über sein Leben nach. Wie sich immer alles in seinem Leben gefügt hatte, auch wenn es sehr schwierige Situationen gegeben hatte, irgendwo war immer eine Lösung aufgetaucht. Johannes wurde abermals bewusst, welche Zufälle sich in seinem Leben ereignet hatten. Mittlerweile war er fest davon überzeugt, dass er sich diese Situationen alle selbst erschaffen hatte, um daraus dieses oder jenes zu lernen, und für den Notfall hatte er immer einen Plan B gehabt. Dieser kam in Gestalt eines Buches, Artikels oder als ein mit angehörtes Gespräch. Oft hatte er sehr lebhafte Träume gehabt – in Farbe und dreidimensional. Es hatte ihn morgens immer erschreckt, mit welcher Klarheit er geträumt hatte, und es war keine Seltenheit, dass er schweißgebadet aufgewacht war und dann in die halbgeschlossenen Augen von Evelyn blickte, die ihn fragte, ob er schlecht geträumt habe. Diese Träume hatten merklich nachgelassen, seit er regelmäßig meditierte. Das war ihm vorher gar nicht aufgefallen. Anscheinend brauchte er diese Art Kommunikation nicht mehr, da sie jetzt auf direktem Wege stattfinden konnte. Er liebte es, sich in die Meditation zu versenken und mehr und mehr über sich und seine Vorleben herauszufinden und so eine Erkenntnis nach der anderen zu gewinnen. Ja, es gab so viele Situationen in seinem Leben, die sich wiederholt ergeben hatten, und er war so manches Mal an ihnen gescheitert. Bis jetzt. Mittlerweile war er imstande, die Situationen blitzschnell zu durchschauen. Er hielt sich dabei an die drei Ebenen, die ihm der Kosmos gezeigt hatte (Grenze – Spiegel – Karma): Warum war es der betreffenden Person gestattet, in seine Aura einzutreten? Welche Lernaufgaben hielt diese Person oder Situation für ihn bereit? Kannte er den Menschen, der vor ihm stand aus einem Vorleben? Und war er damals Opfer oder Täter gewesen?

Als Johannes damit begonnen hatte, Begegnungen und Situationen zu hinterfragen, hatte sich ihm eine ganz neue Welt und Betrachtungsweise offenbart. Er verurteilte nicht mehr, sondern erkannte immer schneller, welche Lernerfahrung in jeder Situation verborgen lag. Mehr und mehr wusste er die Arbeit seiner Mitseelen zu schätzen und zu respektieren, denn einer Seele fiel es nicht leicht, sich zuerst als Täter zur Verfügung zu stellen, seine Schwingung herabzusetzen und sich letztendlich doch von dieser Rolle zu befreien. Es war faszinierend zu sehen, wie schnell er mittlerweile die wahren Hintergründe erkannte.

Er wurde häufiger gefragt, wo er seine Kurse zur Persönlichkeitsentwicklung nahm, da es kaum zu übersehen war, dass

Johannes sich grundlegend gewandelt hatte. Er war nie ein Mensch gewesen, der über andere schlecht gesprochen und getratscht hatte, aber Johannes konnte sich noch gut an Zeiten erinnern, in denen er sich ständig über die Unzulänglichkeiten seiner Kollegen und Mitmenschen aufgeregt hatte. Sein Magen zog sich schon bei der Erinnerung zusammen. Es musste es also noch Resonanzen in seinem Lichtkörper geben. Johannes nahm sich vor, dies bei der nächsten Meditation zu ergründen. Auf jeden Fall fühlte er sich deutlich besser, seit er diese gewonnenen Erkenntnisse auch täglich beim Einkaufen, an seinem Arbeitsplatz und in der Freizeit anwandte. Es machte ihm einfach Freude und er betrachtete sich, seine Familie und seine Mitmenschen überhaupt mit wachsender Liebe für alles, was er ihnen und sie ihm ermöglichten. Gutes oder weniger Gutes. „Liebet eure Feinde", hatte Jesus gepredigt. Allmählich begann Johannes zu verstehen, was er eigentlich damit gemeint hatte.

Ra Do Ma Na bedeutet „mit Liebe die All-Einheit sehen, in der Gewissheit, dass es sie wirklich gibt". Das 14. Chakra befindet sich an der Stelle des Dritten Auges, das heißt über der Nasenwurzel in der Kopfmitte. Sein Durchmesser kann eine Größe von bis zu 18 Zentimeter erreichen. Während der Meditation kann es einem erscheinen, als ob sich die Stirn vor dem Dritten Auge wie ein weiteres Visier oder Tor vollständig auftun würde. Das „neue" Auge kann die gesamte Stirnbreite einnehmen. In reinem Zustand ist es von einem klarblauen, ätherischen Kristallweiß. Es steht in Wechselwirkung mit der Hypophyse (Hirnanhangsdrüse).

Im vorherigen Chakrensystem bestand eine wichtige Aufgabe des Dritten Auges darin, als Frühwarnsystem zu fungieren, sobald sich Fremdenergien unserer Aura näherten. Dies erfolgte über Visionen und Wahrträume oder aber durch gezielten Einsatz dieser Gabe. Zum Beispiel nehmen Hellsichtige oft Orte und Menschen zuerst „in Augenschein", bevor sie sie aufsuchen. Dadurch vermeiden sie, unvermittelt in Situationen zu geraten, deren negative Einflüsse sie vorher, sofern vom Kosmos gestattet, gemindert haben könnten.

Diese Aufgabe übernimmt nun das 14. Chakra, vorausgesetzt man ist in der Zentrierung. Damit ist gemeint, dass jemand mit seiner Aufmerksamkeit bei sich bzw. in seinem Kopf bleibt. Dadurch dehnt sich die Wahrnehmung der Aura aus und man wird sensibler beim Erfühlen von Fremdenergien und kann schneller darauf reagieren. Normale Menschen sind oft mit ihren Gedanken abwesend, denken in der Öffentlichkeit zum Beispiel daran, was sie einkaufen wollen, hasten kopflos durch den Bahnhof zum Zug oder lassen sich als bummelnder Tourist von einem Straßenmusikanten ablenken. Wie ist es sonst zu erklären, dass Taschendiebe so leichtes Spiel mit ihnen haben? Während die „langen Finger" in die Umhängetasche wandern und das Portemonnaie herausfischen, befindet sich der Mentalkörper des Bestohlenen außerhalb seiner Aura. So kann der Dieb das fremde System nahezu unbemerkt austricksen.

Im drittdimensionalen System oblag es dem 6. Chakra, uns Einzelheiten über unseren eigenen Lebensweg zu offenbaren. Mit der Öffnung des 14. Chakras erhält man nun noch größere Einsichten über Zusammenhänge und Hintergründe seines Seins. In erster Linie lässt sich dieses erweiterte Hellsehen dazu einsetzen, persönliche Problemsituationen wie etwa Kündigung, Rechtsstreit und Scheidung zu entschärfen, die aus der subjektiven Perspektive meistens erschreckend oder beängstigend wirken. Durch die zusätzliche Information wird ein höherer Sinn offenbart, der es einem ermöglicht, sich auf einer anderen Ebene mit der Lebenskrise auseinanderzusetzen und sie zu meistern.

Hellsehen und Prophetie

Dieses Chakra verbindet den Seher mit den Dimensionen des Kosmos und dem Wissen der All-Einheit. Über die Hellsichtigkeit hinaus kann man prophetische Fähigkeiten entwickeln und verschiedene Realitätsebenen gleichzeitig wahrnehmen. Der eigene vorherbestimmte Weg breitet sich mit absoluter Klarheit und Wahrheit vor einem aus, sodass die ganze Tragweite der Lebensaufgabe im universellen Kontext und letztendlich im holografischen Gitternetzwerk deutlich wird.

Wie schon für Tikadiva gilt auch für Ra Do Ma Na, dass mit großem Wissen große Verantwortung einhergeht. Wer etwa einen Flugzeugabsturz vorauszusehen vermag, wird unweigerlich vor dem Problem stehen, ob und wie er der Flugsicherheitsbehörde sein übersinnliches Wissen glaubhaft macht, ohne selbst in Verdacht zu geraten. Man sollte sich also vorher darüber im Klaren sein, ob man für dieses Wissen auch wirklich bereit ist und es darüber hinaus zum Wohle aller einsetzen kann. Der Mensch hat zwar nach wie vor seinen freien Willen, aber sobald der Kosmos ihm den höheren Weg gezeigt hat, wird auch erwartet, dass man diesen Weg ohne Wenn und Aber einschlägt und sich nicht vom Ego abbringen lässt, weil es doch viel bequemer wäre. Wissen ist Macht, aber kann man auch damit umgehen?

Die freie Wahl haben Kristallkinder jedoch nicht, da sie von Geburt an hellseherisch veranlagt sind. Das erklärt auch, warum sie die Angewohnheit haben, oft neben ihren Gesprächspartner zu schauen, denn sie nehmen die feinstofflichen Energien aus anderen Dimensionen, die ihn umgeben, gleichzeitig in Umrissen und Farben wahr. Erst wenn man ihnen von klein auf die Gelegenheit gibt, offen über dieses Phänomen zu sprechen, lernen sie, dass für Mama und Papa diese Art des Sehens keine Selbstverständlichkeit ist. Stoßen sie jedoch auf Unverständnis und Ablehnung, wenn sie den Mund aufmachen, dann beginnen sie allmählich, ihren Fähigkeiten zu misstrauen und diese zu verleugnen. Dadurch schließen und blockieren sie ihre Chakren, und es können sich generell Ängste bei ihnen ausprägen, nicht „normal" zu sein. Später, in meiner Praxis, stellen ihre Eltern dann erstaunt fest, dass ihre nervösen und schlecht schlafenden Kinder überhaupt nicht unter Hyperaktivität, Allergien oder Depressionen leiden, sondern schlichtweg hellsichtig und hellhörig sind!

Stellen Sie sich vor, Sie seien fünf Jahre alt und würden Nacht für Nacht von einem erdgebundenen Toten belästigt, der auf Ihrer Bettkante hockt und Ihnen mit seinem Gerede den Schlaf raubt. Und Ihre Mutter, die Sie ins Vertrauen zögen, würde darauf bestehen, dass „da nichts ist". Was würden Sie tun?

Auch auf die Gefahr hin, mich zu wiederholen: Wir können uns nicht annähernd vorstellen, was manche von diesen Kindern aushalten müssen. Die Frage, ob ihr acht- oder neunjähriger Sprössling immer noch wie ein Kleinkind bei ihnen mit im Bett schläft, lässt die Eltern allerdings aufhorchen. Warum tut er das wohl?

Für Kristallkinder sind die 5. bis 7. Dimension eins. Sie können ihr Umfeld als Felder, Farben oder Energien wahrnehmen. Insofern sind sie einer Dauerberieselung an Zusatzinformationen ausgesetzt. Und da wundert man sich, warum sie sich nicht lang konzentrieren können und so viele von ihnen Zuflucht in Parallelwelten des Internets suchen oder Schlimmeres.

Ein überdimensional großes 14. Chakra sollte sofort verkleinert werden, weil es möglicherweise zu unkontrollierten Visionen, sehr lebhaften und realitätsnahen Träumen führt. Fliehende Gedanken und spontane Dimensionswechsel können eintreten sowie die ungewollte Wahrnehmung von Energien aus der Astralwelt. Ängste ohne erkennbare Ursache sind eine weitere Begleiterscheinung.

Ein geschlossenes 14. Chakra hängt mit Ängsten und der Verneinung von tiefsten emotionalen Blockaden, Verletzungen und Mustern zusammen. Das noch bestehende Karma, schmerzliche Erkenntnisse über seine eigene Rolle im Karmaspiel sowie die eigentliche Lebensaufgabe werden ausgeblendet. Daraus resultieren mitunter ungleiche Freundschaften zu Menschen, die einem eher schaden, sowie eine nicht erfüllende Arbeit. Spirituelle und emotionale Stagnation und eine endlose Fortführung von schädigenden Mustern und Partnerschaften können die Folgen sein. Die Verneinung der Lebensaufgabe kann so weit gehen, dass der Betroffene mit Depressionen bis hin zu Selbstmordabsichten und -versuchen reagiert.

Eine weitere Ursache für ein blockiertes 14. Chakra ist karmischer Natur. Es ist keine Seltenheit, dass sich gerade sehr begabte Kursteilnehmer in den Vorleben bewusst Blockaden in den höheren Chakren gesetzt haben, die sie mit sich herumtragen, weil sie mit ihrem Wissen anderen keinen Schaden mehr zufügen wollten. Zu den Themen gehören vor allem Machtmissbrauch, Manipulation, Habgier, Neid und Eifersucht. Beim meditativen Betrachten der Astralechos findet man diese Seelen oft in „dunklen" Vorleben wieder, besonders in der Spätphase von Atlantis, in denen sie aktiv an Manipulation und Machtmissbrauch beteiligt waren. Dabei erscheint mitunter das Bild einer schwarz gewandeten Gestalt mit hoch erhobenen Armen und einem Opfermesser in einer Hand. Um während der Energiearbeit nicht wieder in dieselben negativen Verhaltensmuster zu verfallen, wurden von der Seele oft karmische Strukturen in den höheren Chakren (5 bis 7) angebracht.

In dieser Inkarnation müssen wir erst die lichten Herzensqualitäten erfassen und integrieren sowie die schädlichen Einflüsse aus den vorherigen Leben transformieren, bevor wir diese Beschränkungen aufheben können und so vollen Zugriff auf unsere Chakren erlangen. Es gibt Kursteilnehmer, die – solange sie sich nicht ernsthaft mit den spirituellen Praktiken beschäftigten –, sehr hellhörig und hellsichtig waren und mit Beginn der Ausbildung ihre Fähigkeiten regelrecht über Nacht wieder verloren. Diejenigen von ihnen, die sich mit Mühe, Geduld und Demut dem Erkenntnisprozess unterzogen haben, konnten diese Fähigkeiten wiedererlangen. Andere aber, die die Mühe gescheut haben und einfach nicht hinsehen wollten, haben sie bis zum heutigen Tage nicht zurückbekommen.

Sobald jemand das 14. Chakra geöffnet hat, werden ihm

eine Fülle von Informationen über sich selbst und andere zugänglich. Man sieht klar seinen Lebensweg und seine universelle Aufgabe vor sich, auch wenn sich die Umsetzung manchmal noch schwierig gestaltet. Da sie unbequeme Wahrheiten ganz offen aussprechen, sind diese Menschen oft allein und finden nur unter Gleichgesinnten, die sich ebenfalls auf den Weg gemacht haben, noch echte Freunde.

Durch ein reines und gesundes 14. Chakra gibt der Verstand die Führung an die Quelle ab und unterwirft sich dem göttlichen Plan. Die Gedanken, die man täglich hat, besitzen eine höhere und reinere Schwingung. Man fühlt sich im Einklang mit dem göttlichen Willen. Diese Menschen erhalten häufig den Auftrag, über sich selbst hinauszuwachsen und für andere ebenfalls Aufstiegsarbeit zu leisten oder sie bei ihrem Aufstieg zu unterstützen.

Stichworte:
Zentrierung
Prophetie
göttliche Führung
wahre Hingabe

Anbindung an das allsehende Auge des Kosmos

Während Johannes in Gedanken versunken war, hatte er gar nicht bemerkt, dass er bereits vor der bekannten Tür stand, die zum Haus der Quelle führte. Johannes war sich unsicher, ob er den Weg durch das riesige Haus allein finden würde. Und warum war er eigentlich hier? Er blickte sich ratlos um und erinnerte sich plötzlich daran, was Radoran zu ihm gesagt hatte: „Jederzeit, wenn du mich brauchst." Aber wie sollte er Kontakt zu Radoran aufnehmen? Während er dies dachte, stand der Biber auch schon neben ihm und sah ihn erwartungsvoll an. „Huch, Radoran, hast du mich aber erschreckt! Ich habe gerade überlegt, warum ich hierhergekommen bin und ob ich den Weg durch dieses Haus wohl allein finden kann", sagte Johannes zu dem quirligen Biber. „Du bist hier, um an das allsehende Auge des Kosmos angebunden zu werden", antwortete Radoran mit Nachdruck in der Stimme. „Gut, wenn du das sagst", entgegnete Johannes. Er hatte es aufgegeben, den Biber zu fragen, woher er all diese Dinge über ihn wusste. „Zeigst du mir den Weg?", fragte Johannes den Biber. „Selbstverständlich, wenn du das willst." Der Biber drehte sich um und lief links die Mauer entlang weiter. „Gehen wir nicht durch diese Tür?", rief ihm Johannes nach. „Nein, das würde zu lange dauern!", rief Radoran, ohne anzuhalten, über die Schulter.

Johannes beeilte sich, ihm zu folgen, denn er wollte den Biber auf keinen Fall aus den Augen verlieren. So ging es eine ganze Weile die Mauer entlang. Schließlich hielt der Biber vor einem Tor mit goldenen Flügeln und einem großen Vorhängeschloss an. Vor dem Tor saß ein Faun mit einer Flöte, der ein trauriges Lied spielte. „Was wollt ihr?", fragte der Faun und blickte Johannes dabei ins Gesicht. Johannes, der ja nun schon einiges in seinen Meditationen erlebt hatte, erwiderte den Blick und sagte mit fester Stimme: „Ich bin hier, um an das allsehende Auge des Kosmos angebunden zu werden." – „Weißt du denn, wo dein Platz ist?" – „Was meinst du mit ‚dein Platz'?", fragte Johannes zurück. „Na, welchen Ort du dir auf der Erde ausgesucht hast, um deiner Lebensaufgabe und der Quelle zu dienen? Das weiß doch jeder oder etwa nicht?", knurrte der Faun.

Johannes war verunsichert. Wusste er, wo sein Platz war? Er hatte sich nie gefragt, worin seine Lebensaufgabe auf der Erde bestand. Er war so beschäftigt gewesen, sein Leben zu meistern; welche Aufgabe sollte er denn noch obendrein haben und wann sollte er sie bei seiner knappen Zeit erfüllen? „Ich weiß noch nicht, wo genau mein Platz ist, aber ich hoffe, dass man ihn mir zeigen wird", sagte Johannes mit leisem Zweifel in der Stimme. Der Faun winkte und das Tor tat sich auf. Der Biber huschte hindurch und Johannes folgte ihm auf den Fersen, um nur ja keine weitere Frage von dem mürrischen Faun über sich ergehen lassen zu müssen. Wieder lief der Biber durch endlose Gewölbe und Gänge, über Treppen, die immer weiter nach oben zu führen schienen. Endlich standen sie vor einem weiteren Tor. Der Biber drehte sich zu Johannes um und bedeutete ihm, still zu sein.

Er tippte gegen das Tor und es sprang auf. Johannes wurde sogleich von den Strahlen geblendet und musste warten, bis sich seine Augen an das gleißende Licht gewöhnt hatten. Er trat in die Halle und nahm eine Lichtgestalt rechts neben sich wahr. Sie sah aus wie ein riesengroßer Engel. „Wer bist du?", fragte er das Lichtwesen. „Ich bin Gabriel", antwortete die Lichtgestalt. „Was soll ich jetzt tun?", fragte Johannes weiter. „Geh die Stufen hinauf und bitte die Quelle, dich an das allsehende Auge anzubinden. Man wird dir einen silbernen Schlüssel für dein Tor aushändigen, wenn du so weit bist", erwiderte Gabriel. „Gut, und was ist, wenn ich noch nicht so weit bin?", fragte Johannes zaghaft. „Da mach dir keine Gedanken, Tirago, sonst wärst du nicht hier", antwortete Gabriel mit einem leichten Lächeln. Johannes machte ein paar Schritte vorwärts und sah sich erneut um. Sein Blick fiel direkt auf das weiße Gewand des Lichtwesens, das hinter ihm aufragte. Beruhigt wandte sich Johannes wieder nach vorn und ging weiter die Stufen nach oben. Als er auf der obersten Stufe angelangt war, erwartete ihn die Stimme. Diese wunderbare Stimme, deren Energie er so sehr liebte. Die Stimme fragte ihn sanft: „Was kann ich für dich tun?" – „Ich bitte um die Anbindung an das allsehende Auge des Kosmos und gelobe, alles, was ich durch diese Verbindung erfahre, nur zum Wohle aller einzusetzen. Denn ich liebe meine Mitseelen aus tiefstem Herzen und mit aller Macht." Johannes erschrak über sich selbst. Woher kannte er diesen Wortlaut? Wer hatte ihm eingegeben, was er sagen musste? Plötzlich fühlte er ein Gewicht um seinen Hals. Er sah an sich herab. Um seinen Hals hing an einem silbernen Band ein silberner Schlüssel. Der Schlüssel für das Tor, wie das Lichtwesen gesagt hatte. Johannes war überglücklich, er schien die Probe bestanden zu haben. Er drehte sich zu dem Lichtwesen um, damit es den Schlüssel sehen konnte. Gabriel lächelte ihn an und sagte: „Siehst du, deine Sorge war unbegründet. Lass uns gehen, ich zeige dir dein Tor." Johannes wandte sich wieder der Stimme zu und stammelte: „Danke." Gabriel zog ihn an seinem Hemdsärmel und ging voraus. Johannes folgte ihm und musste währenddessen sehr aufpassen, um nicht zu fallen, da er ganz vom Anblick des Schlüssels eingenommen war. Es dauerte nicht lange und Gabriel machte Halt. „Hier ist dein Tor und dein Platz, an dem du stehen willst", sagte das Lichtwesen. Johannes sah von dem Schlüssel auf und blieb mit offenem Mund stehen. Das also war sein Tor, seine Aufgabe, und er würde gleich mehr darüber erfahren. Zweifel bemächtigten sich seiner. Würde er seiner Aufgabe denn gewachsen sein? Hatte er schon genug gelernt und sich wirklich verändert? War er bereit, diese Aufgabe anzunehmen? Wieder machte sich Angst in ihm breit. „Und was ist, wenn ...", er blickte fragend zu Gabriel hoch. Das Lichtwesen lächelte erneut und nahm für ihn den Schlüssel vom Band. Er reichte ihn Johannes und forderte ihn auf, den Schlüssel ins Schloss des Tors zu stecken und umzudrehen. Johannes folgte der Aufforderung mit Unbehagen und großer Neugier zugleich. Das Tor öffnete sich. Was er sah, verschlug ihm die Sprache. Er sah eine große Stadt, die hell erleuchtet war. Sie kam ihm seltsam vertraut vor, aber lag sie nicht in den Vereinigten Staaten? Er schien diese Stadt mit einigen anderen zu erbauen. Sie planten die Energieversorgung und die Infrastruktur mit einer neuartigen Technik, die er nicht kannte, aber er war mittendrin und dabei. Wie konnte das angehen? Gewiss, er war Ingenieur, aber er hatte seit Jahren nichts Neues mehr konstruiert; er war eher mit Verwaltungsaufgaben befasst. . Woher hatte er all dies Wissen, das er für ein solches Projekt benötigte? Plötzlich traten Tränen in seine Augen, denn er sah ein geräumiges Haus und auf der Veranda standen seine Frau Evelyn und sein mittlerweile erwachsener Sohn. Aber neben ihnen standen noch weitere zwanzig Kinder, die anscheinend auch zu ihnen gehörten. Das Bild verschwamm vor seinen Augen, er musste sich erst einmal die Augen wischen. Jetzt hob er erneut den Blick und sein Herz ging ihm auf. Ja, er würde dabei sein, wenn diese Licht-Städte erschaffen würden. Er würde das nötige Wissen besitzen und er würde wissen, wie es richtig anzuwenden wäre. Ihn erfasste eine unsagbare Ruhe und Gelassenheit sowie eine tiefe Zufriedenheit. Mit leuchtenden Augen drehte er sich zu Gabriel um. „Hast du es gewusst?", fragte er das Lichtwesen. „Ja, denn wir dienen demselben Strahl." Was sollte das nun wieder heißen? Johannes fragte nicht weiter, für heute hatte er genug erfahren. Dieses Wissen würde sich ihm eröffnen, wenn die Zeit dafür reif wäre, da war er sich ganz sicher. „Geduld", hatte sein Lehrer immer gesagt. Johannes lächelte und war überglücklich, dass er jetzt endlich wusste, warum er auf diesen Planeten gekommen war. Es würde sich alles fügen, davon war er überzeugt. Was würde Evelyn nur dazu sagen? Er musste schnell nach Hause zurück, um ihr davon zu erzählen.

Johannes wollte den Schlüssel aus dem Schloss ziehen, aber Gabriel sah ihn nur überrascht an und er vernahm in seinem Kopf: „Willst du das Tor nicht offen lassen, damit du jederzeit hineinsehen kannst?" Ja, das wollte er und so ließ er den Schlüssel stecken. Johannes dreht sich vom Tor weg und erblickte den Biber, der in einiger Entfernung an den unteren Treppenstufen auf ihn wartete. Johannes dankte dem Lichtwesen für seine Unterstützung und machte sich auf den Weg hinab. „Jederzeit, wenn du mich brauchst", hörte er noch in seinem Kopf, bevor das Lichtwesen verschwand. Der Biber lief schweigend vor ihm her. Er schien zu wissen, dass Johannes Zeit für sich brauchte, um die neuen Eindrücke zu verarbeiten. Schließlich standen sie wieder vor dem gläsernen Fahrstuhl. Der Biber drückte auf den Knopf und die Tür ging auf. Noch immer in Gedanken versunken, folgte Johannes dem Biber in den

Fahrstuhl. Was würde Evelyn zu diesen Zukunftsaussichten sagen? Er war schon ganz begierig, ihr alles zu erzählen. Als er wieder aus seinen Gedanken erwachte, befand er sich in seinem Meditationsraum und sah sich tief schlafend auf dem Sofa liegen. Die Sonnenstrahlen waren ein gutes Stück weitergewandert und erleuchteten jetzt den hinteren Teil des Raumes. Der Duft der Räucherstäbchen hing noch schwach in der Luft. Er musste eine ganze Weile weg gewesen sein. Wie beim letzten Mal legte sich Johannes schnell auf das Sofa, um mit seinem irdischen Körper zu verschmelzen, und kam wieder zu Bewusstsein.

Telane sagt dazu:
„Wer dieses Chakra öffnet, erhält Einblick in die Gezeiten, das heißt das Potenzial, das der Kosmos einer Seele zur Verfügung stellt. Das Sehen wird tiefer und reinigender, denn man erkennt seinen Weg mit bedingungsloser Klarheit und Wahrheit. Dies vermögen nur die Gerechten und Ehrlichen. Alle Unehrlichen wird die Wahrheit zutiefst erschrecken, denn sie schauen in einen glasklaren Spiegel ihrer selbst. Sei auf der Hut, bevor du dich darauf einlässt, dieses Chakra zu öffnen, sonst wird dich die Wahrheit wie ein Schlag treffen. Zögere nicht, öffne es und du wirst *sehen*. Die Demut ist es, mit diesem Wissen der Gemeinschaft zu dienen, die dir die Tore öffnet. Zum Wohle aller und keinem zum Schaden. Es wird der Tag kommen, an dem alle Menschen für einen Bruchteil der Zeit die Tore öffnen werden, um die Wahrheit zu erkennen und zu begreifen. Dafür gilt diese Vorbereitung."

Rina Vido – Nutze den Tag!
Telane

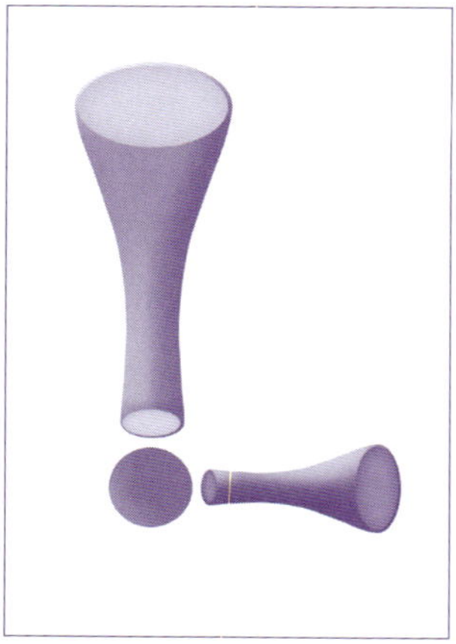

Rana Do Varo

**Das 15. Chakra
ist die Einheit
in der Vielfalt.**

Anbindung an die eigenen Strahlen

Johannes war wieder einmal in Gedanken versunken, dabei war es mitten am Tag und er saß in seinem Büro. Seine Sekretärin hatte ihn nun schon mehrmals gefragt, ob er am Donnerstag denn nun nach München fliegen wolle oder nicht, und sie stand immer noch da und wartete auf seine Antwort. „Ist in Ordnung", murmelte Johannes geistesabwesend. Die Sekretärin schüttelte verständnislos den Kopf. Es fiel ihr in letzter Zeit besonders schwer, zu ihrem Chef durchzudringen; er hatte sich sehr verändert und sie fragte sich des Öfteren, was bloß in ihm vorging. Aber solange sie ihre Arbeit bewältigten, machte sie sich keine Sorgen. In dieser Hinsicht war es eher leichter geworden. Ihr Vorgesetzter hatte brillante, aber meist ungewöhnliche Ideen, die ihnen mehr als einmal wertvolle Zeit gespart hatten, und Zeit war in ihrer Branche ein hohes Gut. Wenn sie genau überlegte, hatte sie jetzt eigentlich mehr Freiraum als vorher, um die Angelegenheiten zu regeln und zu organisieren. Manchmal schien ihr Chef vorauszuahnen, was sie ihn in der nächsten Minute fragen wollte, und er hatte sofort eine umfassende Antwort. Das war früher nie der Fall gewesen. Auch sprach er anders, er war umgänglicher und, ja, wie sollte sie es sagen, irgendwie „weicher" geworden. Genau das war der richtige Ausdruck, er ärgerte sich kaum noch und war wesentlich ausgeglichener. Es war wirklich eine Freude, mit ihm zusammenzuarbeiten, wenn da nicht ab und zu diese Zerstreutheit wäre. Sie ging zurück ins Vorzimmer.

Johannes streckte sich und ermahnte sich, nicht ständig in die Parallelwelten seines Selbst abzutauchen. Seit der Öffnung des 14. Chakras hatte er immer wieder plötzliche Szenenwechsel vor seinem inneren Auge: Er sah sich auf einer Plattform in unterschiedlichen Dimensionen stehen und mit fremden Wesen in zum Teil sehr merkwürdiger Aufmachung sprechen und diskutieren. Wer war er in diesen Welten? Er musste sich arg zusammenreißen, um nicht schon wieder in Tagträume abzugleiten. Er hatte heute noch einiges zu erledigen und diese Dinge duldeten keinen Aufschub. Er versuchte, sich zu konzentrieren, so gut es ging, doch die Bilder ließen sich nicht einfach abstellen. Bei nächster Gelegenheit wollte er Gabriel oder den Biber fragen, was es damit auf sich hatte.

Die Woche verlief sonst unspektakulär. Am Freitagmittag hatte Johannes endlich genug Muße, um sich den Bildern in seinem Kopf zu widmen. Evelyn war es in den letzten Wochen ähnlich ergangen und so hielten sie es für das Beste, ihren kleinen Sohn am Wochenende zu den Großeltern zu bringen, damit sie meditieren konnten. Es würde ihnen guttun, sich etwas zu entspannen und durch den Tag treiben zu lassen.

Am Samstag standen sie früh auf und arbeiteten zunächst im Garten. Nach einer Weile stellten sie fest, dass ihnen die eigentlich angenehme Arbeit immer schwerer von der Hand ging. Evelyn blickte Johannes an. „Bist du auch so müde wie ich? Ich kann mich kaum noch auf den Beinen halten." – „Mir geht es genauso, lass uns ins Haus gehen, wir legen uns wohl besser hin", antwortete Johannes. Sie räumten die Gartengeräte weg und begaben sich in den Meditationsraum, um ein wenig auf dem Sofa zu dösen. Vielleicht würde sich ihr Zustand dann bessern. Evelyn und Johannes hatten ihre Köpfe kaum auf das Polster gelegt, da schliefen sie auch schon.

Johannes fand sich am Fuße eines Berges wieder. Es war neblig und kalt, aber das schien ihn nicht zu stören. Er trug einen eigenartigen Umhang und schwere Stiefel. Er schnaubte vor sich hin. Er kannte diesen Weg nur allzu gut und es war kein leichter. Es würde stundenlang steil bergauf gehen, bevor er die Höhle erreicht haben würde, die ihm Schutz vor der Witterung bot. Widerwillig machte er sich auf den Weg. Aber schon im nächsten Augenblick war der Himmel klar und Johannes stand auf einer hellen Terrasse von einem Tempel über dem Meer. Die Sonne stieg gerade glitzernd aus dem Wasser am Horizont auf. Es war früher Morgen, er war in eine weiße Toga gekleidet und hielt eine zierliche goldene Schale in der Hand, aus der es angenehm duftete. Eben fragte sich Johannes, wer und wo er war, als die Szenerie erneut wechselte. Diesmal befand er sich in einem futuristisch eingerichteten Raum mit vielen Bildschirmen und Menschen, die geschäftig hin und her liefen. Jetzt verstand Johannes gar nichts mehr. Wer war er? Noch bevor er die Frage an jemanden richten konnte, stand er am Fuß der Treppe in der großen Halle, wo er damals Gabriel begegnet war.

Johannes schaute sich um. Es war niemand zu sehen. Weder Radoran noch sonst eine Seele. Was hatte das Lichtwesen noch gesagt? „Jederzeit, wenn du mich brauchst." Johannes schloss die Augen und rief innerlich nach Gabriel. Als er die Augen nach einer kurzen Weile wieder öffnete, stand das Lichtwesen vor ihm, aber es war nicht allein. Ein weiteres Lichtwesen in einem blauen Kaftan mit silbernen Einfassungen stand neben Gabriel. Es hatte seltsame Augen, sie erinnerten Johannes an eine Katze mit halb geschlossenen Augen. Merkwürdig. Das Lichtwesen lächelte. Es hatte bestimmt Johannes' Gedanken gehört. Johannes errötete. „Ich bin Meister Kuthumi, der Lenker deines Strahls." – „Was ist ein Strahl?", fragte Johannes ehrfürchtig, denn der Lenker strahlte eine ungeheure Energie aus, die ihn ganz kleinlaut werden ließ. „Ein Strahl ist eine Energieeinheit, über die sich die Seelen auf diesem Lernplaneten inkarnieren, er dient ihnen sozusagen als Rutsche in die hiesige Dimension. Wenn du möchtest, zeige ich dir deinen", antwortete Kuthumi. „Meinen Strahl würde ich sehr gern sehen", antwortete Johannes, der sich gar nicht sicher war, ob er das auch verstanden hatte, was er vom Lichtwesen gerade erfahren hatte. Die Seelen kommen also über einen Strahl in diese Welt. Plötzlich erinnerte sich Johannes daran, wie er ursprünglich im Kosmos vor den zwölf Toren gestanden hatte und sich aussuchen sollte, über welches Tor er seine Dimension verlassen wollte. Er gehörte zum goldenen Strahl, er war Träger dieses Strahls und verfügte auch über dessen Wissen. Jetzt erinnerte er sich! Aber warum war ihm das vorher nicht bewusst gewesen? „Wenn man durch das untere Tor kommt, setzt das Vergessen ein und man wird in den unteren Chakren von seinem HAUPTSTRAHL getrennt. Erst wenn die höheren Chakren wieder aktiviert wurden, erhalten die Menschen uneingeschränkten Zugriff auf die Fähigkeiten ihrer Strahlen. Die meisten Menschen sind Träger dreier Strahlen, wobei einer der Hauptstrahl ist und die beiden anderen die Nebenqualitäten vermitteln. Wenn es dir recht ist, würden wir dich gern wieder mit den Strahlen, denen du dienst, verbinden." Das Lichtwesen sah Johannes erwartungsvoll an. „Ja, bitte", antwortete Johannes glücklich. So begannen die drei ihren Weg nach oben, aber auf der Hälfte der Treppe blieben sie plötzlich stehen. Kuthumi wandte sich an Johannes: „Hier ist das 1. Tor, das du mit dem Schlüssel öffnen kannst, der an dem Band um deinen Hals hängt." Johannes blickte an sich herunter und wirklich, dort hingen an einem goldenen Band ein Schlüssel und darunter noch zwei weitere. Johannes nahm den ersten Schlüssel vom Band. Er steckte ihn in das Schloss, aber er ließ sich nicht umdrehen. Fragend sah er Kuthumi an. Schon vernahm er die passenden Worte in seinem Kopf und er sprach sie ohne zu zögern nach, während er den Schlüssel im Schloss umdrehte. „Ich bitte um die Anbindung an mein höchstes Selbst, meine Monade und den Strahl, dem ich zu dienen gelobt habe." Das Tor tat sich weit auf und

Johannes wurde in goldenes Licht getaucht. Wieder formten sich die Worte in seinem Kopf und er sprach: „Ich gelobe, diesem Strahl zu dienen und ihn zu tragen. Zum Wohle aller und keinem zum Schaden. So sei es." Das Licht zog sich zurück, bis es nur noch in der Toröffnung zu sehen war. Johannes dreht sich um und bemerkte, dass Kuthumi und Gabriel bereits weiter die Treppe hinaufstiegen. Er blickte kurz auf den Schlüssel und zögerte, ihn wieder herauszuziehen. Nein, er war jetzt Träger dieses Strahls; somit musste das Tor offen bleiben. Er ließ den Schlüssel stecken und folgte den Lichtwesen. Kurz darauf blieben sie neben einem anderen Tor stehen. Johannes nahm den nächsten Schlüssel, den er ebenfalls an einem Band um seinen Hals trug, und steckte ihn in das Schloss. Er bat erneut um die Anbindung und das 2. Tor sprang auf. Ein Strom von rosafarbenem Licht überflutete und durchdrang ihn. Er lachte auf, es war wunderbar, wieder eins mit seinen Strahlen zu sein! Mit Freude gelobte er, auch diesem Strahl zu dienen und ihn zu tragen. Kaum hatte er die Worte ausgesprochen, da versiegte der Strahl, blieb aber weiterhin im Tor sichtbar. Johannes drehte sich zu Kuthumi und Gabriel um. Neben den beiden Lichtwesen war ein drittes aufgetaucht. Das Lichtwesen strahlte und stellte sich Johannes vor: „Ich bin Meister Hiduro und habe vor Kurzem den Strahl von Lady Rowena übernommen. Ich bin der Lenker des 3. Strahls und bringe die göttliche Liebe, die Freiheit, die Herzlichkeit und all das Licht, um zu lieben und zu ehren, was geehrt und geliebt werden will." Johannes Herz machte einen Sprung. Was für ein Tag, wie würde es wohl weitergehen? Die drei Lichtwesen machten sich inzwischen daran, die nächsten Treppenstufen zu erklimmen. Sie waren nicht weit gegangen und schon hatten sie das letzte Tor erreicht. Johannes wiederholte das Ritual und öffnete auch das 3. Tor. Dieser war weiß. Er leistete zum dritten Mal seinen Schwur und augenblicklich verblasste der Strahl wieder und blieb im Torbogen sichtbar. Johannes war überwältigt von all dem Wissen, das sich jetzt vor ihm auftat. Es schien ihm unendlich. Für heute hatte er genug. Er musste sich ausruhen und seine Gedanken ordnen. Es war alles so schnell vor sich gegangen und er hatte noch so viele Fragen, aber die würden warten müssen, denn jetzt wollte er nur noch nach Hause zu Evelyn, die sich bestimmt schon sorgte, wo er geblieben war. Er bat die Lichtwesen, ihn zu entschuldigen, und versprach, bald wieder hier zu erscheinen und sich dann ausführlich mit ihnen zu unterhalten. Die Lichtwesen lächelten nachsichtig und ließen ihn ziehen.

Ra Na Do Varo bedeutet „mit Liebe in der All-Einheit leben". Dieses neue Chakra hat seinen Sitz links neben dem alten Kronenchakra. Das hat folgenden Grund: Wir alle haben über die Inkarnationen hinweg viele Einweihungen durch Zeremonien und Rituale erhalten, die die Lichtkörperstruktur entscheidend verändert oder manipuliert haben. Nun soll jedoch ein klarer Zugang zum Chakrensystem geschaffen werden, damit die kosmischen Wahrheiten unverfälscht einfließen können. (Die neue Position des 15. Chakras kann jeder leicht mit seiner Aufmerksamkeit nachprüfen, was im praktischen Teil unter „Die Achse", Seite 131 ff., näher erläutert wird.)

Nach seiner Öffnung, dem Abstieg und schließlich der Verschmelzung mit dem 8. Chakra hat es die Farbe von ätherischem Weiß-Gold-Rosé. Dieses Chakra korrespondiert mit der Zirbeldrüse, die nunmehr daran gehindert wird, unseren stofflichen Körper weiter verfallen zu lassen. Trotzdem sollte man auf eine gute Ernährung in jeder Hinsicht achten, stofflich und geistig.

Anbindung an die Monade

Johannes eilte die Treppe herunter, zwei, drei Stufen auf einmal nehmend, und hätte sie fast übersehen. Er konnte gerade noch abbremsen, bevor er mit seiner ersten Ehefrau zusammenstieß. Ja, dort wartete sie, seine Familie, aber es schienen viel mehr Angehörige zu sein als das letzte Mal. Staunend wandte sich Johannes an Rativa – er konnte sich immer noch nicht so recht daran gewöhnen, dass sie seine Ehefrau sein sollte, ob es sie wohl kränkte? Er würde gern mit ihr unter vier Augen sprechen. „Woher kommen all diese Seelen?", fragte er stattdessen. „Lieber Tirago, wir gehören zu deiner Monade, deiner Seelenfamilie, und wir haben dir etwas zu übergeben, damit du jederzeit mit uns verbunden bist", eröffnete sie ihm. Auf einem kleinen Kissen lag ein leuchtender, milchig gelber Bergkristall. Johannes war überwältigt von der Liebe, die er von der Gruppe wahrnahm und die ihn wie in Watte einhüllte. Er fühlte sich so geborgen, so geliebt und beschützt. Er küsste Rativa auf den Mund und wurde rot. Was hatte er getan!

Sie lächelte und strich ihm übers Haar. „Mach dir keine Sorgen, Tirago, ich verstehe dich. Und wenn du uns hier wieder triffst, dann wird es so sein, als ob wir nie getrennt gewesen wären." Sie hielt ihm den Bergkristall entgegen. Johannes nahm ihn vom Kissen hoch und augenblicklich setzte sich der Kristall wie von selbst in sein Kronenchakra. Jetzt erkannte Johannes, wie er die Verbindung zu seiner Seelenfamilie würde halten können. Wie wunderbar. „Kann ich euch jetzt öfter sehen und mit euch sprechen?", fragte Johannes, der sein Glück kaum fassen konnte. „Ja, das kannst du, du wirst dich an alles erinnern, auch wenn es am Anfang nur intuitiv sein wird. Aber mit der Zeit werden wir in deinem irdischen Leben immer mehr gegenwärtig sein. Wir freuen uns auch sehr, dass wir dich nun mehr zu Gesicht bekommen", sprach Rativa und umarmte ihn. Johannes Herz tat sich noch weiter auf und er hielt seine erste kosmische Ehefrau lange an sich gedrückt. Schließlich schob sie ihn sanft von sich und ermahnte ihn: „Du solltest jetzt wieder auf die Erde zurückkehren, denn du hast dir sehr viel vorgenommen. Und bei euch läuft die Zeit anders." Sie warf ihm eine Kusshand zu und kehrte zu der wartenden Gruppe zurück, die augenblicklich in einem weißen Nebel verschwand.

Johannes stand wieder allein am Fuß der Treppe und versuchte, das Durcheinander in seinem Kopf zu ordnen. Was hatte er eben alles erlebt und getan? Es war unvorstellbar, aber es fühlte sich herrlich an, wieder so verbunden zu sein. Er hielt Ausschau nach dem Biber, aber nichts tat sich. Er schloss die Augen, und als er sie wieder öffnete, stand Evelyn vor ihm. „Hier steckst du also", sagte sie mit einem wissenden Lächeln. „Ich war schon auf der Suche nach dir, aber der Biber meinte, dass du in der großen Halle wärest, und da bist du. Wollen wir wieder nach Hause zurück?", schlug sie vor. „Bist du mir gar nicht böse?", fragte Johannes etwas kleinlaut. „Warum sollte ich dir böse sein, wenn du deiner ersten Ehefrau begegnest? Ich bin selbst im Kosmos mit vier Ehemännern verheiratet und habe sechs Kinder. Ich glaube nicht, dass ich dir das vorwerfen sollte, außerdem werden diese Dinge hier anders gesehen. Aber das findest du noch heraus", erwiderte Evelyn mit einem Schmunzeln.

Johannes zog sie an sich. Was für eine außergewöhnliche Seele seine Ehefrau doch war. Er liebte sie unendlich dafür und flüsterte: „Ich werde dich immer lieben, solange ich unten auf der Erde bin und darüber hinaus." Evelyn drückte seinen Arm leicht und sie machten sich auf den Rückweg. Anscheinend kannte sie sich bestens im Haus der Quelle aus, denn sie fand ohne Umwege zurück zum Fahrstuhl, wo der Biber sie beide schon erwartete.

Als sie gleichzeitig auf dem Sofa im Meditationszimmer erwachten, schaute Johannes seiner Frau in die Augen. Diese blinzelte verschlafen und fragte: „Hast du mir eben etwas in der Halle versprochen?" – „Ja", sagte Johannes und drückte seine Frau fest an sich.

Die Aufgabe des alten Kronenchakras bestand darin, die Verbindung zu unserem Höheren Selbst herzustellen, wodurch wir allgemeines Hellwissen über unseren Seelenweg erlangen konnten. Das vereinigte 15. Chakra beinhaltet nun alle Aspekte unseres Höheren Selbst, der Monade sowie des Hauptstrahls und der zwei Nebenstrahlen, deren Qualitäten wir im irdischen

Leben verankern sollen. Das 15. Chakra wird ständig von der Liebe und Weisheit der Quelle durchdrungen und somit wird es auch unser Lichtkörper. Dadurch wird unser Energiesystem in die Lage versetzt, sich kontinuierlich an die wechselnden Gegebenheiten anzupassen, um den Lichtkörperprozess und den Aufstieg zu bewältigen; das Hellwissen steigert sich enorm.

Das 15. Chakra ist überdimensional groß, wenn man regelmäßig Drogen (wie Alkohol, Medikamente und Suchtmittel) konsumiert. Dadurch wird es fixiert und seine Funktion blockiert; sein Träger ist folglich allen eindringenden Energien schutzlos ausgeliefert, da der Schließmechanismus ausgehebelt wurde. Dies kann zu Besetzungen führen.

Besetzungen

Erfahrungsgemäß unterscheide ich drei Formen von Besetzungen, je nachdem, wie schwerwiegend ihre Auswirkungen auf die besetzte Person sind.

Die massivste Form einer Besetzung, die leider nicht selten auftritt, liegt vor, wenn zum Beispiel ein Toter über das Kronenchakra eindringt und vollständigen Zugriff auf das Energiesystem eines lebenden Menschen erlangt. Die Seele des Verstorbenen mit all ihren individuellen Aspekten und Erfahrungen dringt in die energetischen Körper des Menschen ein und hat diesen vollständig übernommen. Erkennungsmerkmale beim Betroffenen sind eine plötzlich erstarrte Mimik und eine aschfahle Gesichtsfarbe. Er oder sie könnte auffallend unflätig sprechen oder unvermittelt eine Vorliebe für Alkohol, Tabak oder Gewalt entwickeln, was mitunter in starkem Kontrast zum früheren Verhalten steht. Diese schwerwiegende Besetzung sollte man möglichst durch einen erfahrenen Geistheiler entfernen lassen.

Die zweite Form von Besetzung betrifft nicht den Lichtkörper, sondern nur die Aura, das heißt, der Tote hat nicht das ganze Energiesystem übernommen. Hellfühlige empfinden das

Eintreten eines Toten in die Aura als kalten Hauch oder eine schlagartig einsetzende starke Müdigkeit. Diese Seelen suchen meist nur unsere Aufmerksamkeit bzw. einen Menschen, der in der Lage ist, ihnen den Weg ins Licht zu zeigen. Viele von ihnen wollen zum Beispiel ihre letzten karmischen Verträge auflösen, um Vergebung bitten oder Herzkristalle zurückgeben, damit sie endlich den Karmazyklus beenden können. Hält sich ständig ein Toter in oder an unserer Aura auf – und sei es mit den edelsten Absichten, zum Beispiel wenn sich Opa Wilhelm als Beschützer seiner Enkelin sieht –, besteht die Gefahr, dass a) durch den permanenten Verlust an Energie, die der Tote braucht, um noch in der Nähe des Lebenden zu verweilen, die feinstofflichen Körper des Lebenden geschwächt werden und/oder b) die Aura des Lebenden sich der krankmachenden Frequenz des Toten angleicht, die er zum Zeitpunkt seines Ablebens hatte. Sollte er etwa an Krebs gestorben sein, stellt dies eine erhebliche Störung des lebenden Systems mit eventuell schwerwiegenden Folgen dar.

Die dritte Form von Besetzung lässt sich heutzutage kaum noch vermeiden, da Tote und Elementale überall herumgeistern und sie sich stets zu den höher schwingenden Energien hingezogen fühlen. Wer sein Karma aufgelöst hat und einen konsequenten Auraschutz betreibt, kann beruhigt sei, dass sie immerhin nicht ins Innere seiner Aura eindringen. Sie halten sich nur am Rand auf und können wie Flöhe von einem System zum anderen weiterwandern. Daher tut man gut daran, sich möglichst oft von diesen Energien zu befreien, um nicht noch mehr von ihnen anzuziehen. Manche Menschen haben, ähnlich wie im Märchen von der Goldenen Gans, eine ellenlange Girlande von Totenenergien an sich hängen, die sie Tag für Tag hinter sich herziehen, ohne es zu wissen.

Eine andere Gruppe, bei der ebenfalls ein überdimensional großes Chakra vorliegt, sind Menschen, die sich in ein übermäßig spirituelles Leben flüchten, aber in ihrem normalen Leben weder ausreichend geerdet noch energetisch geschützt sind.

Ich nenne diese Leute „spirituelle Elfen" und hoffe, dass mir die inkarnierten Elementarwesen diesen Vergleich nicht nachtragen. Diese Menschen sind hochgradig emotional und erwecken oft den Eindruck von grenzenloser Naivität. Kaum haben sie eine Sache begonnen, sind sie schon bei der nächsten. Sie scheinen wie Schmetterlinge von Blüte zu Blüte zu flattern, immer auf der Suche nach dem allselig machenden Glück. Sie haben große Schwierigkeiten, sich in unserer Gesellschaft zurechtzufinden und kommen äußerst mühsam und schleppend in ihrem echten Leben voran, leider.

Ein geschlossenes 15. Chakra ist immer dann vorhanden, wenn jemand sein Leben nicht bejaht und auch von der geistigen Welt abgetrennt ist. Die Fragen, die sich hier jeder stellen sollte, lauten: „Wer bin ich wirklich und was ist meine Lebensaufgabe?" und „Auf welche Weise will ich der Quelle dienen?"

Dazu fällt mir die Geschichte einer jungen Frau Ende zwanzig ein, die mich sehr berührt hatte. Sie kam völlig orientierungslos und betrübt zu mir und fragte mich um Rat, was sie mit ihrem Leben anfangen solle. Sie hatte sich gerade nach vierjähriger Beziehung von ihrem Lebensgefährten getrennt. Zuvor hatten beide ein gemeinsames Maklerbüro betrieben, das während ihrer Partnerschaft auch sehr gut gelaufen war. Jetzt wollte sie ein eigenes Büro gründen, wusste aber nicht sicher, ob dies auch wirklich ihr Weg wäre. Also bat ich meine Geistführer, mir zu sagen, welchem Hauptstrahl diese Seele dienen würde, um einen Anhaltspunkt zu bekommen. Der Kosmos nannte mir den aquamarinblauen 8. Strahl, der nach Claire Avalons Buch *Die zwölf göttlichen Strahlen und die Priester aus Atlantis* unter anderem das Thema „Rechtsprechung" umfasst. Daher fragte ich sie, was sie eigentlich habe studieren wollen, wenn sie auf niemanden hätte Rücksicht nehmen müssen. Jura, antwortete sie, aber das Studium habe sie sich gleich aus dem Kopf geschlagen, weil ihre Eltern damals dagegen gewesen seien. Schließlich erkundigte ich mich, wo sie sich bisher am wohlsten gefühlt habe. Nun bekam ich eine ungewöhnliche Antwort: im Regenwald von Brasilien, wo sie einige Zeit gelebt habe. Daraufhin konnte ich nur erwidern: „Und was hält Sie dann noch in dieser Stadt als Maklerin?"

Die konkreten Pläne des Höheren Selbst mögen, sobald man davon erfährt, manchmal völlig utopisch klingen, aber dennoch sind sie nicht weniger zutreffend. Der Mensch muss sich aber auch darauf einlassen und die wichtigen Schritte unternehmen, damit sich die Vision in der physischen Wirklichkeit manifestiert. Unsere Seele hat eine ziemlich genaue Vorstellung davon, was sie in dieser Dimension lernen und erfahren will, und achtet nicht so sehr auf die alltäglichen Widerstände, die für den Menschen ein Hinderungsgrund sein mögen.

Bei einem voll funktionstüchtigen 15. Chakra ist man eins mit seiner Monade und fest mit seinen Strahlen verbunden. Der Mensch hat direkten Zugriff auf das Wissen der Monade, der Strahlen und seiner kosmischen Herkunft.

Stichworte:
Lebenszweck
Hellwissen
Strahlen
Monade

Spiritueller Ehrgeiz und spiritueller Hochmut

Über die Jahre hinweg habe ich festgestellt, dass der Umbau des Lichtkörpers am leichtesten vor sich geht, wenn man ihn nicht erzwingt. Spiritueller Ehrgeiz und Hochmut sind *die* Stolpersteine, die allen früher oder später auf ihrem Weg in die Quere kommen, und sie haben ihre volle Berechtigung. Für mich war es in solchen Augenblicken immer am einfachsten, darauf zu vertrauen, dass meine göttliche Führung mir zum richtigen Zeitpunkt die richtige Technik aufzeigen würde, die zu dem aktuellen Problem passte. Irgendwann wurde mir dann gesagt, dass ein bestimmter Entwicklungsschritt abgeschlossen sei und jetzt das und das geschehen werde. Wenn ich durch das alltägliche Leben in meinem energetischen „Zeitplan" hinterherhinkte, bat man mich, verstärkt an den Themen, die verändert werden sollten, zu arbeiten. Das zusätzliche Programm baute ich dann in meinem Tagesablauf ein. Dank dieser disziplinierten Vorgehensweise habe ich bis heute sehr wenig unter den viel beschriebenen Mutationssymptomen (Kopfschmerzen, Gliederschmerzen, Durchfall, Erbrechen usw.) gelitten, während einige Seminarteilnehmer und Patienten die volle Bandbreite der Symptome aushalten mussten. Die Beschwerden können sehr heftig ausfallen und den Betroffenen manchmal wochenlang außer Gefecht setzen, was sich nicht jeder leisten kann und was auch nicht jeder unbedingt will.

Aber auch bei mir gab es Tage, an denen ich alle Verabredungen absagen musste, um mich in einen komaartigen Schlaf zu begeben. Dem war oft ein Gefühl vorausgegangen, nicht richtig „da" zu sein, wodurch alltägliche Verrichtungen, wie eine simple Maschine zu bedienen oder am Straßenverkehr teilzunehmen, zu einem lebensgefährlichen Risiko wurden. In einem solchen Fall kann ich nur empfehlen, konsequent auf seine innere Stimme zu hören und ihr nachzugeben, auch wenn das die Mitmenschen zeitweilig verwirren mag.

Während sich die neuen Chakren öffneten, fühlten einige Teilnehmer klar und deutlich, wie ihr System umgebaut wurde. Bei vollem Bewusstsein und an ihrem Schreibtisch sitzend. Daher ist es äußerst wichtig, diesen Vorgang nicht zu forcieren, denn auch das Energiesystem kann nur eine begrenzte Informationsmenge auf einmal verarbeiten, ohne zusammenzubrechen. Außerdem sollte man seinem Partner, der Familie, Freunden und eventuell den Kollegen durch eine gewisse Offenheit ermöglichen, an den gravierenden Veränderungen, die man durchläuft, teilzuhaben und unter Umständen selbst an sich zu arbeiten. Schließlich möchte man später nicht ganz allein im „neuen Gewand" dastehen, oder?

Meine älteste Seminarteilnehmerin ist mittlerweile zweiundsiebzig Jahre alt und fährt regelmäßig zum Heilfasten. Bei ihrem letzten Kuraufenthalt wurde sie gefragt, was mit ihr passiert sei, sie habe sich so verändert. Sie antwortete mit einem Lächeln: „Ich bin älter geworden." Mir zeigt dies, dass es nie zu spät ist, anzufangen und sich auf den Weg zu machen.

Und wenn wir schon von einem Weg sprechen: Ich bin eine sehr großer Anhängerin des Jakobswegs, auf dem ich schon zweimal gegangen bin. Allerdings nur die letzten 120 Kilometer ab Sarria bzw. Tui bis Santiago de Compostela und im Jahr 2007 noch weiter bis Cap Finesterre. Eine Pilgerreise sollte jeder einmal erlebt haben. Man fühlt sich unendlich beschenkt, besonders weil einem spirituell Gleichgesinnte begegnen. Alle sind auf dem Weg, um etwas zu erfahren oder zu erbitten, und manchmal kommen die Informationen auf ungewöhnliche Art und Weise zu ihnen. Für einen jungen Norditaliener geschah das beispielsweise durch eine deutsche Heilpraktikerin.

Vor einigen Jahren befand ich mich also in Begleitung meiner Schwester auf dem Fußmarsch von Sarria nach Santiago de Compostela. Dabei stießen wir immer wieder auf eine Gruppe von drei jungen Leuten: zwei Männer und eine Frau. Diese lächelten uns jedes Mal freundlich an, wenn sie uns erkannten, und wanderten dann weiter. Schließlich trafen wir sie, zwei Tagesreisen von unserem Ziel entfernt, abends auf dem Marktplatz von Arzúa. Es kam zu einer Unterhaltung. Innerhalb von zwei Minuten nach der Begrüßung und dem üblichen Wortgeplänkel über den Jakobsweg in einem Gemisch aus Englisch und Spanisch fing ich ohne Umschweife an, ausführlich von Engeln zu erzählen. Nach weiteren zehn Minuten verabschiedeten wir uns von den jungen Leuten und meine Schwester fragte mich entgeistert: „Wie bist du denn plötzlich auf Engel gekommen?" Es war mir selbst ein Rätsel. Am nächsten Morgen passten uns die drei auf unserem Weg ab. Der größere der beiden Männer sprach nur Italienisch und so musste der kleinere, ein Argentinier, mir seine Fragen übersetzen. Er wolle alles über Engel wissen, denn als ich gestern davon erzählt hätte, hätten sich ihm alle Haare aufgestellt. Ich beantwortete seine Fragen so gut ich konnte, und wir wanderten noch ein ganzes Stück gemeinsam, bis wir uns erneut trennten, da sie in der Pilgerherberge unterkommen wollten. Am späteren Abend erkundigte ich mich bei meinen Geistführern, wie der junge Mann mit den vielen Fragen heiße. Man sagte mir „Antonio". Als wir unsere Reisebekannten am nächsten Mittag wieder trafen, fragte ich den jungen Italiener auf den Kopf zu, ob sein Name Antonio sei, denn meine Geistführer würden ihn so nennen. Außerdem hatte ich eine Botschaft von Erzengel Uriel für ihn. Er sah mich mit großen Augen an und verneinte. Aber dann lachte er laut auf und berichtigte sich: „Deine Geistführer haben doch recht. Ich heiße mit drittem Vornamen wie mein Großvater: Antonio." Daraufhin schauten ihn seine beiden Begleiter verdutzt an: „Du heißt Antonio? Das wussten wir nicht." Schließlich übermittelte ich ihm auch die Botschaft des Kosmos zu seiner Lebensaufgabe, die er beherzigen sollte. Seit dieser Begegnung erhalte ich immer noch ein- oder zweimal im Jahr eine Nachricht von ihm, in der er mir von seinen Fortschritten berichtet. In einer dieser E-Mails eröffnete er mir, dass er bereits vor der Pilgerreise wusste, dass sich etwas Entscheidendes in seinem Leben ändern würde.

Das Credo des Jakobsweges: „Der Weg ist das Ziel!", bewahrheitet sich auf vielfache Weise und so sollte man vielleicht auch den Chakrenwechsel sehen. Man läuft vor der eigenen Haustür los, erfährt sich in den Anderen auf dem Weg und steht irgendwann vor der Kathedrale und hört die mächtigen Glocken ihr Willkommen läuten.

Wahre Einheit statt Falschheit und Unehrlichkeit.

Telane sagt dazu:
„Es wird Jahre brauchen, alle Facetten dieses Chakras voll zu nutzen, aber Geduld und Ausdauer sind Tugenden, die gemeistert werden sollen. Wir dienen alle der Quelle, vergesst das nie. Kein Hadern und Zaudern, sondern Demut und Geduld, bis die All-Einheit erreicht ist. Mit diesem Chakra soll die direkte Anbindung an die Monade, den Hauptstrahl und die Nebenstrahlaktivitäten vorgenommen werden. Jeder Mensch trägt drei Strahlen in sich, wobei es einen Hauptstrahl gibt, dem eure volle Aufmerksamkeit gelten soll, aber ihr benötigt auch die Qualitäten der Nebenstrahlen, damit ihr zur Vollendung reift. Nichts wird euch mehr fremd sein, und ihr werdet Dinge von euch geben, die die anderen in Staunen versetzen, denn ihr greift dann auf das Wissen eurer Herkunft zurück. Ihr verfügt über das Wissen aller, mit denen ihr verbunden seid. Unendliches Wissen und Erfassen des Kosmos. Ihr werdet euch geliebt und geeint fühlen, da alles so leicht zu euch kommt. Die bewusste Verbindung zur Monade wird euch glücklich machen, da sie euch sehr beim Aufstieg helfen wird. Ihr werdet euch mehr zugehörig und ganz fühlen. So sei es."

Tago nurio, vido talama!
Denn die Ehrlichen sind die Gerechten!
Telane

Im nachfolgenden praktischen Teil werde ich einige grundlegenden Techniken zur Chakraarbeit sowie die Übungen zur Öffnung der jeweiligen viertdimensionalen Chakren vorstellen. Dabei ermuntere ich meine Kursteilnehmer stets dazu, das Bewusstgewordene auch im täglichen Leben anzuwenden. Nur dann sind die Inhalte auch wirklich verstanden worden, die mit der Öffnung der Chakren einhergehen. Daher genügt es nicht, einfach die Übungen zum 12. bis 15. Chakra durchzuführen, sie müssen außerdem von einem nachhaltigen Umdenken begleitet werden, um eine tief gehende Wirkung zu haben.

Dabei wünsche ich viel Erfolg und Spaß!

PRAKTISCHER TEIL

Das neue Chakra

Das Wort „Chakra" stammt ursprünglich aus dem Sanskrit und bezeichnet die feinstofflichen Energiezentren in den Körpern des Menschen. Chakren, die im drittdimensionalen Chakrensystem als trichterförmige Energiewirbel erscheinen, erreichen im Allgemeinen einen Durchmesser von 7 bis 13 Zentimetern, bis auf die Hand-, Fuß- und Ohrchakren, die nur 5 bis 7 Zentimeter groß sind. Im vereinten und viertdimensionalen Chakrensystem sind die Chakren jetzt kugelförmig und ihr Durchmesser vergrößert sich auf bis zu 18 Zentimeter. Die Hand-, Fuß- und Ohrchakren behalten ihre Größe, wechseln zum Teil jedoch ihre Farbe. Das Handchakra bleibt farblos und wird nur bei einer Verbindung zum Herzchakra rosa-violett. Durch den Chakrenabstieg verschmilzt das 1. Chakra mit dem Fußchakra und ist nun rot. Die Ohrchakren wechseln zu einem reinen Violett. Die Hauptchakren verlaufen wie Perlen, die auf einer Perlenschnur aufgefädelt sind, einer vertikalen Achse entlang, die vom Gitter der Erde bis zur Quelle reicht. Sie stehen in engem Zusammenhang mit unseren Hormondrüsen und sind daher auch für unser körperliches Wohlbefinden von Bedeutung.

Dimensionen und ihre Hauptchakren

drittdimensionale Chakren:	1 bis 7
viertdimensionale Chakren: (15 mit 8 verschmolzen)	9 bis 15
fünftdimensionale Chakren:	16 bis 22
sechstdimensionale Chakren:	23 bis 29
siebtdimensionale Chakren:	30 bis 36

Diese Einteilung impliziert, dass der Mensch für jede Dimension, das heißt Energiedichte, möglichst den entsprechenden Satz an Chakren benutzen sollte. Für diejenigen, die sich unter dem Wort „Dimension" nichts Genaues vorzustellen vermögen, empfehle ich, bei Stephen Hawking und Kollegen die korrekte quantenphysikalische bzw. -mechanische Erklärung nachzulesen. Ich für meinen Teil erfahre als Hellsichtige „Dimension" folgendermaßen: Angenommen, du begibst dich mit einer Freundin, die gerade bei dir zu Besuch ist, in eine Meditation. Ihr sitzt also physisch nebeneinander im selben Raum. Wenn du nun auf die Frage, an welchem Platz in deinem Energiefeld sich die Freundin befindet, mit dem Dritten Auge deine Aura untersuchst, wirst du feststellen, dass ein weiterer, ein feinstofflicher Körper von ihr, sich ebenfalls neben deiner Aura befindet. Jetzt bittet ihr noch darum, dass ihr Höheres Selbst auf eine visualisierte Leinwand überwechselt, um zum Beispiel leichter Antworten zu erhalten. Du wirst nun erneut verfolgen können, wie sich ein weiterer energetischer Körper von ihr aus ihrem physischen Körper herauslöst, durch das Zimmer wandert und sich gut sichtbar auf die Leinwand stellt. Im weiteren Verlauf der Meditation arbeitet ihr vielleicht mit den Astralechos ihrer Vorleben, plötzlich erscheint sie in veränderter Gestalt, zum Beispiel als Nonne, im Raum. Wie du siehst, könnte diese Beschreibung noch unendlich fortgesetzt werden. Dabei hält sich für mich der jeweilige Körper der Freundin in einer anderen Dimension oder Schicht auf.

In spirituellen Kreisen ist man sich größtenteils einig, dass die Erde und somit unser physischer Körper in der dritten Energiedichte-Dimension existiert. Nach vielen medialen Durchsagen soll die Erde schlagartig am 21. Dezember 2012 in die fünfte Energiedichte-Dimension katapultiert werden. Allerdings erhielt ich am 31. August 2007 während einer Meditation eine anderslautende Botschaft: Die Erde werde einen allmählichen Aufstiegsprozess durchlaufen und die vierte Dimension, also das sogenannte Jenseits, werde schon an diesem Tag aufgelöst werden und in die sechste Dimension umziehen. Weiter hieß es, dass die Erde schon jetzt die unteren dichteren Energieschichten der fünften Dimension durchquere, bis sie dann ihren endgültigen Standpunkt in der fünften Dimension erreicht habe. Meine nachfolgenden Ausführungen gründen auf dieser obigen Erkenntnis.

Ich vergleiche die Chakrensätze gern mit dem Betriebssystem eines Computers. Bis vor einiger Zeit hatte jeder sozusagen die 95er-Version des Betriebssystems auf seinem Computer bzw. die drittdimensionalen Chakren (1 bis 7) in seinem energetischen System installiert. Das war auch völlig ausreichend. Aber die Anforderungen an den „Computer", das menschliche Energiesystem, sind höher geworden, weshalb die nächste Version des Betriebssystems „auf den Markt" kam, sodass wir inzwischen schon bei Version 7.0 angelangt sind. Es gibt immer noch viele „Computer", die mit dem alten System gut laufen, aber es werden von Tag zu Tag weniger. Und: Welcher neue Computer wird heute noch ohne die aktuellste Version ausgeliefert? Irgendwann wird auch die Übergangsversion (Chakra 9 bis 15) so veraltet sein, dass sie niemand mehr vor dem Herabsteigen der Seele in eine neue Inkarnation installiert, da dieses System den vorherrschenden energetischen Verhältnissen nicht mehr genügt.

Sicherlich kann man nach wie vor mit den drittdimensionalen Chakren existieren und auch funktionieren, aber sie bieten einem nicht die volle Bandbreite an Fähigkeiten für die Neue Zeit. Außerdem halten Sie das Gitternetzwerk der Menschheit auf einer niederen Frequenz, die wir ja gerade verlassen sollen. Die viertdimensionalen Chakren steigern die Möglichkeiten der Hellsichtigkeit, der Hellhörigkeit und des Hellwissens sowie der Hellfühligkeit erheblich. Früher konnten diese Kräfte nur an geweihten und heiligen Orten mit einer besonders hohen und reinen Energie genutzt werden und die auserwählten Menschen verbrachten ihr ganzes Dasein mit der Entwicklung dieser Fähigkeiten. Menschen, die zu früheren Zeiten schon hellsichtig wie etwa Nostradamus und hellhörig wie das US-Medium Edgar Cayce (geb. 1877), waren, galten damals in der Gesellschaft als absolute Ausnahmen. Jetzt ist es mit den viertdimensionalen Chakren, je nach Alter und bei entsprechender Lernbereitschaft, einer Portion Mut und fachkundiger Anleitung, *jedem* möglich, diese Kanäle hochgradig auszubilden! Um Personen mit besonderem Potenzial schnell zu erkennen und, wenn nötig, besonders anzuleiten und zu fördern, frage ich gern während einer entsprechend angelegten Meditation nach ihrer Qualifikation, zum Beispiel als Medium oder gar Avatar. Fast alle bisherigen Kursteilnehmer konnten durch das vollständige Öffnen der drittdimensionalen Chakren und Beherrschen der Inhalte Fähigkeiten entwickeln, die das Durchschnittsniveau weit überschreiten.

Durch den späteren Abstieg der viertdimensionalen Chakren und deren Öffnung erfährt der Einzelne eine spirituelle und emotionale Vertiefung. Die eigenen Qualitäten verfeinern sich und man geht völlig anders mit sich selbst und seinen Mitmenschen um. Der Mensch wird in seinem Wesen weicher, fließender und liebender, aber auch bestimmter. Er befindet sich energetisch und emotional in seiner Mitte, da er die üblichen Manipulations- und Energiegewinnungsmuster von anderen durchschaut, nicht bewertet, unterbindet und dies selbst unterlässt. Karmische Verflechtungen werden bewusst aufgelöst, obwohl dies durch die Harmonische Konvergenz, die Generalamnestie vom Rat der Sonne, seit 1987 eigentlich nicht mehr nötig wäre. Aber unsere Seelen haben aus alter Gewohnheit immer noch nicht ganz losgelassen.

Ein weiterer Aspekt des Chakrenabstiegs besteht darin, dass man seine kosmische Herkunft und die damit verbundenen Voraussetzungen, Erkenntnisse und Folgen voll und ganz in sein Bewusstsein holt. Man hat direkten Zugang zum eigenen Ursprung, zu seinen Parallelwelten sowie den Paralleldimensionen und zu weiteren Seelenaspekten und beginnt diese immer weiter zu vereinen und zu integrieren. Als Folge daraus dehnt sich das eigene Energiesystem für andere angenehm wahrnehmbar aus.

Wenn man erst die Entscheidung getroffen hat, sich die Vorteile (wie Hellhörigkeit und Hellwissen) für die Neue Zeit zunutze zu machen, ist es nur eine logische Konsequenz, die viertdimensionalen Chakren absteigen zu lassen, zu öffnen und danach die drittdimensionalen Chakren in die Beine zu verlagern. Bei vielen wird dieser Vorgang genügen. Aber die Kristallkinder und Lichtarbeiter kommen nicht umhin, noch einen Schritt weiterzugehen, indem sie auch noch die fünftdimensionalen Chakren absteigen lassen und öffnen, sodass sie an die derzeit bestehenden Gegebenheiten der Erde vollständig angepasst sind. Denn, wie bereits erwähnt, befindet sich die Erde schon in den unteren Energieschichten der fünften Dimension. Telane sagte mir dazu, dass sich die drittdimensionalen Chakren – sofern noch vorhanden – bis zum Jahr 2024 automatisch zurückbilden und die viertdimensionalen Chakren bis zum Jahr 2067.

Bei der Arbeit in meinen Chakrakursen habe ich einen übersichtlichen Fahrplan zum Abstieg entwickelt: Zunächst sollte man die drittdimensionalen Chakren vollständig öffnen und reinigen sowie sich die Inhalte dieser Chakren ins eigene Bewusstsein rufen und sie nicht zuletzt täglich leben. Die nachfolgende Liste enthält nun in zusammengefasster Form Verhaltensvorschläge, die sich in der Praxis bewährt haben.

Fahrplan zum Abstieg der Chakren 8 bis 15

a) Öffnen der drittdimensionalen Chakren

- Vermeiden von Negativität durch eine veränderte Sprechweise, veränderte Gedanken, Verhaltensmuster und durch den Umgang mit positiven Menschen
- bewusste Ernährung
- Genussmittel wie Alkohol und Tabak bilden keinen Bestandteil des Lebensstils mehr oder werden nur noch in sehr geringem Maße konsumiert. Drogen sind selbstredend tabu.
- Loslösung von Personen, Gegenständen und Verhaltensmustern, die einen negativen oder einen beherrschen Einfluss haben
- Meditation ist fester Bestandteil des Tages
- Bewusstwerdung und ggf. Bewältigung der karmischen Aufgaben und Einweihungen
- Meistern der Alltagssituationen nach den Spielregeln von „Grenze – Spiegel – Karma" (siehe Seite 82)
- ständige Verbindung zur Quelle
- bedingungsloses Vertrauen in die Quelle und Fügen in den göttlichen Plan
- Vertrauen auf die Führung durch das Höhere Selbst und die eigenen Geistführer
- Ausbildung und Anwendung *aller* vier Hs: Hellsichtigkeit, Hellfühligkeit, Hellwissen und Hellhörigkeit
- Entwicklung und Leben der Herzensqualitäten
- Entwicklung der Selbstliebe
- Überwindung von spirituellem Hochmut, Stolz und Neid
- Auflösen von Karma, sofern nötig
- Bewusstwerdung: „Wer bin ich wirklich, woher komme ich und was soll ich hier bewirken?"
- Dienst an der Gemeinschaft

Um sich selbst zu motivieren und zu kontrollieren, bitte ich die Kursteilnehmer, sich einen Punkt aus der obigen Liste auszusuchen, von dem sie meinen, dass sie diesen innerhalb von drei Monaten umsetzen können, und ihn auf einen Zettel zu schreiben. Diese Zettel sammle ich ein, und wenn die drei Monate vergangen sind, gebe ich jedem seinen Zettel zurück. Wenn jemand glaubt, den Punkt, den er sich ausgesucht hatte, gemeistert zu haben, geht es weiter mit einem anderen Punkt von der Liste. Leider nützt es nichts, diese Dinge nur theoretisch zu verstehen und wiederzugeben, allein das beständige Leben des Obengenannten führt zum Ziel:

Verstehen – Akzeptieren – Umsetzen

b) Öffnen der viertdimensionalen Chakren

- Bewusstwerdung und Bestehen der Proben, Aufgaben und Einweihungen im Alltag
- mit den Proben und Lernaufgaben zur Öffnung des 12. Chakras beginnen: bedingungslose Liebe zu *allen* Menschen („Ich liebe dich für das, was du wirklich bist")
- Auflösen von tiefer gehenden karmischen Strukturen (Implantaten)
- Bewusstwerdung der göttlichen Lebensaufgabe

c) Abstieg der viertdimensionalen Chakren

- erfolgt nach oder während der Öffnung aller Chakren 1 bis 7 (Vorstufe)
- erfolgt nach Öffnung des 4. Chakras (Herzchakras)
- erfolgt nach Auflösung der meisten Implantate (vor allem großer)
- sollte erst erfolgen, wenn die Inhalte des 12. Chakras (bedingungslose Liebe – Mitgefühl – Geben und Nehmen) bereits gelebt werden

Grundlegende Techniken aus meiner Chakraarbeit

Ich erläutere nun kurz eine Technik, die ich „Die Achse" nenne, da sie das menschliche System mit Himmel und Erde verbindet. Seit ich diese Kurse gebe, hat sich die Erdungs-Übung oft verändert. Hier beschreibe ich die aktuelle Version (April 2010), die jedoch nicht die letzte bleiben wird.

Die Achse

- Setz dich aufrecht auf einen Stuhl mit dem Rücken an der Lehne, deine Füße stehen flach nebeneinander auf dem Boden.
- Lege deine beiden Handflächen auf die Oberschenkel, denn wir wollen durch sie bei der Meditation keine Energie aufnehmen.
- Um dein Unterbewusstsein (Inneres Kind) anzusprechen, atme durch die Nase ein und zähle dabei im Geiste langsam bis vier. Halte den Atem genauso lang an und atme dann durch den leicht geöffneten Mund hörbar doppelt so lang aus. Mindestens dreimal wiederholen. Anschließend normal weiter atmen.
- Geh mit deiner Aufmerksamkeit* in das Omega-Chakra, etwa 20 Zentimeter unter dem Steißbein. Erde dich im oberen holografischen Gitter der Erde, indem du es visualisierst oder den Befehl dazu gibst.
- Bewege dich dann mit deiner Aufmerksamkeit in dein 1. Chakra hinein (Farbe: Rubinrot). Lass von dort aus rote Ener-

* Das ist der Teil deines Mentalkörpers, mit dem du den ganzen Tag denkst. Wenn sich deine Aufmerksamkeit permanent in deinem Dritten Auge befindet, nenne ich das „Zentrierung".

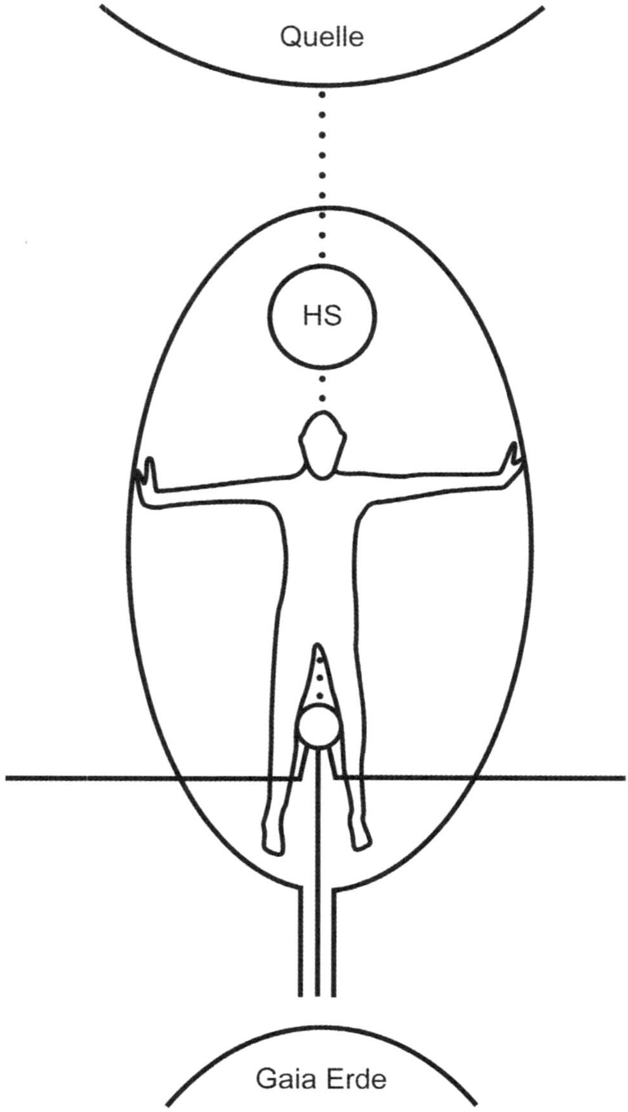

Abbildung 3: Die Achse

gie durch dein Becken und deine Beine bis in die Fußchakren hinein fließen und fülle sie damit auf.
- Visualisiere Abflusskanäle, die von deinen Fußchakren aus durch den Abflusskanal der Aura nur noch etwa einen Meter nach unten reichen.
- Deine Aufmerksamkeit wandert nun die Mittellinie deines Körpers hinauf bis zur Mitte des Brustbeins.
- Verbinde dein hellgrünes Herzchakra mit deinen Handchakren und fülle diese mit hellgrüner Energie aus dem Herzchakra auf.
- Geh jetzt mit deiner Aufmerksamkeit zum Kronenchakra (7. Chakra).
- Visualisiere eine Verbindung zu deinem 8. Chakra (Höheren Selbst). Im Idealfall befindet sie sich ungefähr einen halben bis einen Meter direkt über deinem Kopf.
- Visualisiere von dort eine Verbindung zur Quelle.
- Bitte um goldene Energie oder goldenes Licht von der Quelle und lass es entlang der Verbindung durch deinen Körper bis zu den Fußchakren und zum Omega-Chakra hinabfließen. Dabei füllt das goldene Licht alles aus.
- Anschließend richte deine Aura mittig aus, bis sie auf jeder Seite etwa armlang breit ist.
- Übe bitte zweimal täglich, bis die Achse innerhalb von Sekunden steht.

Definition der Aura

- Erstelle die Achse.
- Wandere mit deiner Aufmerksamkeit über deine Nasenwurzel.
- Setz zur Orientierung vier langstielige Rosen an den Rand deiner Aura (vorn, hinten, links und rechts).
- Das Omega-Chakra und das Höhere Selbst (8. Chakra) müssen ebenfalls von der Aura umgeben sein.
- Du solltest dich direkt in der Mitte der Aura befinden und

der Abstand zu allen Seiten (Rosen) sollte der gleiche sein.

- Richte, wenn nötig, die Aura neu aus.
- Lege einen Abflusskanal unter deine Aura, der etwa einen Meter lang ist.
- Lass bei Bedarf die Energie aus deiner Aura in die violette Flamme abfließen. Diese visualisierst du am Ende des Abflusskanals.
- Fülle anschließend die Aura zum Beispiel mit goldenem Licht auf.

Die Kontrollrose

Die Rose eignet sich besonders gut als Entsprechung zu den Chakren. Der Blütenstand der Rose zeigt den Grad der Öffnung und seine Farbe die bestehende Frequenz des Chakras. Der Stängel steht für die Dynamik des Chakras und die Blätter für sein Energieniveau, was nicht ein und dasselbe ist. Unter „Dynamik" versteht man explizit die Fähigkeit des Chakras, stoßartig Energie zur Verstärkung der Aura auszusenden. Die Dornen hingegen symbolisieren die Abwehrkraft des Chakras.

Um sofort überprüfen zu können, ob ein visualisierter Zustand, zum Beispiel ein dunkelblauer Schutzmantel, das eigene System schwächt oder stärkt, wird zu Beginn der Meditation mit einem bestimmten Chakra eine Rose erbeten, die ich kurz „Kontrollrose" nenne.

Die Leinwand

Die Leinwand-Technik ist eine Schutzmaßnahme für den Meditierenden, die mir vom Kosmos empfohlen wurde. Denn bei anderen Formen der Energiearbeit (zum Beispiel Rückführungen) ist es üblich, sich mit seinem spirituellen Körper direkt an den Ort, zu den Personen oder in eine Situation hineinzubegeben, die man näher betrachten will. Da man aber nicht sicher sein kann, wie die dort vorherrschenden Energien beschaffen sind, bietet sich als Hilfsmittel die imaginäre Leinwand an, um eine Abgrenzung zu schaffen.

Übrigens sollte man generell – aus Höflichkeit und Respekt gegenüber dem freien Willen des Menschen – darauf verzichten, sich mit seinem spirituellen Körper direkt in die Aura und Felder von jemand anderem zu begeben. Schließlich dringt man auch nicht einfach so in eine fremde Wohnung ein und wühlt in Schränken und Schubladen herum, weil man unbedingt etwas über die andere Person herausfinden will. Nur die wenigsten medial Begabten, die so vorgehen, haben vorher das Höhere Selbst des Betreffenden um Erlaubnis gebeten.

Übung zum 9. Chakra – Santiya

Anbindung an das galaktische Gitter der Sonne

Die folgende Übung kann als Erweiterung zur üblichen Erdung über das Omega-Chakra angewendet werden, wodurch man die nötigen Voraussetzungen schafft, um trotz der unruhigen Zeiten des Wandels festen Halt zu haben:

1. Erstelle die Achse wie in der Anfangsübung beschrieben. Achte dabei besonders auf deine Erdung und Anbindung zur Quelle. Verbinde dein 1. Chakra mit den Fußchakren und dein Herzchakra mit den Handchakren.
2. Lade Energie in deine Körper und Felder, um deine Schwingung zu erhöhen.
3. Geh mit deiner Aufmerksamkeit über deine Nasenwurzel ins Dritte Auge. Stell die Frage: „Wo befindet sich mein 9. Chakra?" Beobachte, wohin deine Aufmerksamkeit wandert. Egal wo sich das Chakra zu diesem Zeitpunkt befindet, du kannst die Anbindung visualisieren.
4. Bitte um eine Kontrollrose für das 9. Chakra. Schau dir die Rose genau an. Wie groß ist der Blütenkopf? Welche Farbe hat er? Wie kräftig ist der Stängel, wie viele Blätter hat er?
5. Stell die Rose jetzt rechts oder links so neben dich, dass du sie gut im Blick hast. Sie dient zur Kontrolle.
6. Visualisiere oder bitte um Erdung im galaktischen Gitter der Sonne. Am Anfang ist es einfacher, wenn du den Befehl dazu gibst: „Ich bitte um die Anbindung im galaktischen Gitter der Sonne über mein 9. Chakra."
7. Beobachte, wie sich das Gitter durch dein 9. Chakra schiebt. Dabei kann das Gitter verschiedene Farben haben (aber nie schwarz oder schmutzig-grau!) sein und einen unterschiedlichen Durchmesser haben.

8. Wie sieht die Rose jetzt aus und wie fühlt sich diese zusätzliche Erdung für dich an?
9. Wenn sich die Rose positiv verändert und sich ein beruhigendes Gefühl in deiner Aura eingestellt hat, behalte die zusätzliche Erdung bei. Wenn nicht, ist es deinem Chakra vielleicht noch nicht möglich, sich in diesem sehr hoch schwingenden Gitter zu verankern. Versuche es zu einem späteren Zeitpunkt noch einmal.
10. Wenn dir Form und Farbe der Rose gefallen, zieh dieses Bild in dein 9. Chakra hinein und sage: „Gleiche dich an."
11. Schließe nun das Chakra so weit, wie es dir angenehm ist, sofern du die Übung beenden und nicht weiterarbeiten möchtest.

Übungen zum 10. Chakra – Ra Sinya Tanawa

Klärung von Ra Sinya Tanawa

Um eine reine Kommunikation mit dem Kosmos zu ermöglichen, sollte man sich die Mühe machen, das 10. Chakra mit der folgenden Übung zu reinigen und so die nötigen Voraussetzungen zur Öffnung und Verbindung schaffen:

1. Erstelle die Achse wie in der Anfangsübung beschrieben. Achte dabei besonders auf deine Erdung und Anbindung zur Quelle. Verbinde dein 1. Chakra mit den Fußchakren und dein Herzchakra mit den Handchakren.
2. Lade Energie in deine Körper und Felder, um deine Schwingung zu erhöhen.
3. Geh mit deiner Aufmerksamkeit über deine Nasenwurzel ins 6. Chakra bzw. zum Dritten Auge. Stell die Frage: „Wo befindet sich mein 10. Chakra?" Beobachte, wohin deine Aufmerksamkeit wandert.
4. Bitte um eine Kontrollrose für das 10. Chakra. Schau dir die Rose genau an. Wie groß ist der Blütenkopf? Welche Farbe hat er? Wie kräftig ist der Stängel, wie viele Blätter hat er?
5. Stell die Rose jetzt rechts oder links so neben dich, dass du sie gut im Blick hast. Sie dient zur Kontrolle.
6. Stell dir vor, wie sich das Chakra spiralförmig öffnet.
7. Wie sieht die Rose jetzt aus?
8. Rufe den gelben Heilstrahl von Atlantis an, der jegliche Emotionen wie Neid, Eifersucht und Besitzansprüche, die mit deinen Verbindungen zu den anderen Menschen zusammenhängen, transformiert und auflöst. Bitte ihn, dein 10. Chakra von diesen negativen Energien und Verbindungen zu klären und zu (er-)lösen. Wenn du magst, lass dabei das

gelbe Licht im Kreis rotieren. Wirf zur Kontrolle einen Blick auf die Rose. Wie hat sie sich verändert?

9. Nach Verwendung des gelben Strahls kannst du außerdem Erzengel Michael und seine Legionen bitten, mit ihrem energetischen Staubsauger alle Reste abzusaugen und im Kosmos zu transformieren.
10. Wie sieht deine Rose jetzt aus? Wenn dir Form und Farbe gefallen, zieh dieses Bild in dein 10. Chakra und sage: „Gleiche dich an."
11. Schließe nun das Chakra so weit, wie es dir angenehm ist, sofern du die Übung beenden und nicht weiterarbeiten möchtest.
12. Wenn du jetzt höhere Verbindungen herstellen willst, bitte um eine neue Kontrollrose.

Erweiterung: Verbindung zu anderen Lichtarbeitern und zum Kosmos

1. Visualisiere jetzt nacheinander hellblaue Lichtstrahlen, die von dir zu denjenigen ausgehen, mit denen du neu in Verbindung treten möchtest. Sei dir bewusst, dass diese Verbindung so lange steht, wie du sie visualisierst, und dauerhaft zu denjenigen besteht, zu denen du die Strahlen regelmäßig aussendest und dich so mit ihnen verbindest.
2. Beobachte deine Rose bei jeder Verbindung, die du legst: Tut sie deinem Chakra gut oder eher nicht. Entscheide, welche Verbindungen du halten willst und welche nicht.
3. Frage dich, ob diese Verbindung auch zum Wohle der anderen ist.
4. Wenn du weitere Fragen hast, nutze diese höheren Verbindungen und das damit einhergehende Wissen. Überspringe dann Punkt 5 und 6 und fahre mit Punkt 1 der folgenden Übung fort.
5. Wenn du diese Übung beenden willst, bitte Erzengel Ismael, alle Verbindungen einzusammeln, zu kappen und die An-

dockstellen zu versiegeln. Das wird mehr Ruhe in dein System hineinbringen.

6. Schließe nun das Chakra so weit, wie es dir angenehm ist.

Erweiterung: Innerer Dialog mit deiner Seele

1. Leg dir etwas zu schreiben für deine Fragen bereit oder zeichne die Meditation auf Band auf.
2. Geh mit der Aufmerksamkeit in dein Herzchakra und stell nun deine Fragen.
3. Fragen, die du stellen könntest, sind:
   a) „Woher stamme ich ursprünglich aus dem Kosmos?"
   b) „Wie heißen meine kosmischen Eltern?"
   c) „Habe ich im Kosmos einen Partner und wie lautet sein Name?"
   d) „Geh ich hier auf der Erde meiner Lebensaufgabe nach?"
   e) „Welches ist meine Lebensaufgabe?"
   f) „Welche Qualitäten fehlen mir noch, damit ich meine Lebensaufgabe finde und ihr nachgehen kann?"
   g) „Welche Personen behindern mich darin, meiner Lebensaufgabe nachzugehen?"
4. Schreibe dir die Antworten auf und bedanke dich für das übermittelte Wissen. Nicht erschrecken; die Stimme kann sehr laut sein, wenn sie antwortet.
5. Beende die Meditation und schließe das 10. Chakra so weit, wie es dir angenehm ist. Lass die Kontrollrose in violettes Licht aufgehen.

Auflösung von karmischen Verträgen

Solltest du feststellen, dass dir spontan immer wieder dieselben Namen einfallen, ist es sehr wahrscheinlich, dass du mit diesen Personen einen Vertrag oder eine Vereinbarung geschlossen oder ihnen ein Versprechen gegeben hast. Bist du dir dessen erst bewusst geworden, hast du jederzeit die Möglichkeit, dich davon zu lösen, was auf unterschiedliche Weise geschehen kann. Wende entweder die Methode an, die dir geläufig ist, oder führe folgende Meditation durch:

- Baue eine imaginäre Leinwand (2 mal 1 Meter) in circa drei Metern Entfernung vor dir auf.
- Visualisiere die Person, von der du dich energetisch lösen willst, auf der Leinwand. Sie schaut dich an.
- Stell dir jetzt eine lange Pergamentrolle in Gold oder in Rosa neben der Person vor.
- Setz alle negativen Erinnerungen, Gefühle und Bilder, die dir im Zusammenhang mit dieser Person Schmerzen bereitet haben, auf die Pergamentrolle.
- Lass dir dabei Zeit, da es viele Erinnerungen sein können. Und je sorgfältiger du arbeitest, desto erfolgreicher wird die Auflösung sein.
- Fahre so lange fort, bis du eine Veränderung bei dir wahrnimmst, wie zum Beispiel Erleichterung oder den dringenden Wunsch, dich zu bewegen usw.
- Rolle jetzt das Pergament auf und umwickle es mit einem goldenen Band der Heilung.
- Reiche der Person die Pergamentrolle und sag mit fester Absicht: „Ich vergebe dir alles, was du mir angetan hast oder unterlassen hast, mir anzutun. Hiermit trenne, löse und transformiere ich alles, was auf dieser Pergamentrolle geschrieben steht, damit wir uns beide von dem lösen können, was uns belastet und schadet. So sei es!"
- Löse anschließend die Person auf, indem du lilafarbenen Staub über sie streust oder sie mit der violetten Flamme transformierst.
- Wiederhole diesen Vorgang, so oft du magst und es sich richtig und wichtig für dich anfühlt.
- Wenn du die Auflösung beendet hast, rolle die Leinwand auf und verbrenne sie ebenfalls in der violetten Flamme.

Die Herren des Karmas

Dabei handelt es sich um drei oder aber fünf Energien, die für uns unterschiedliche Gestalt annehmen können. Sie verwalten die Aufzeichnungen aus dem Karmaspiel. Jede Seele schließt vor ihrer Inkarnation auf der Erde bestimmte Lernaufträge (zum Beispiel Mut, Geduld, Habgier) und oftmals Lernpartnerschaften mit Seelen- oder Monadenzwillingen ab. Diese Vereinbarungen werden in den Büchern des Karmas festgehalten und bilden die berühmte Akasha-Chronik. Ich sehe diese Bücher als Teil einer riesig großen galaktischen Bibliothek, die alle Ausdrucksmöglichkeiten der Quelle enthält. Wenn nun diese Lernaufträge und -partnerschaften bewusst aufgelöst werden, weil deren Inhalte und Aufgaben erkannt worden sind, kann der Auflösende zu den Herren des Karmas reisen und dort um ihre Löschung bitten. Sofern die Herren ihr Einverständnis geben, werden diese Inhalte und Aufgaben aus den Büchern entfernt. In diesem Zusammenhang sollte sich der Auflösende die Bücherseiten zeigen lassen, die nach der Auflösung weiß und unbeschrieben sind. Ab einem gewissen Zeitpunkt kann es sein, dass ein solcher Herr des Karmas sich jedes Mal bei einer Meditation im eigenen häuslichen Zimmer einfindet. Er hält dabei die letzten noch nicht abgeschlossenen Bücher auf dem Schoß oder sie stehen neben ihm. Auf Verlangen liest er einem die noch verbleibenden Aufträge vor, die man nun gezielt bearbeiten bzw. auflösen kann, wenn man das möchte. Ist ein Buch ganz leer, wird es einem ausgehändigt. Anschließend kann man dieses Buch zur Quelle mitnehmen und dort abgeben, um endgültig aus den Themen entlassen zu werden.

In der Computersprache würde dies einer Neuformatierung der Festplatte gleichkommen. Alle bisherigen Daten werden unwiederbringlich im Lichtkörper gelöscht. So kann der Auflösende sich allmählich vorarbeiten, bis er schließlich das letzte Buch in seinen Händen hält und es bei der Quelle einreicht. Damit ist das alte Karmaspiel bewusst abgeschlossen.

Übungen zum 11. Chakra – Rana Tanyo

Strahlen

Es gibt mittlerweile die unterschiedlichsten Strahlen, die uns für den Aufstieg zur Verfügung stehen. Die einen nennen sie „göttliche Strahlen" oder „Elohim", andere teilen sie nach ihren Farben bzw. Funktionen ein. Der Einfachheit halber nenne ich sie nur „Strahlen". Erzengel Uriel sagte mir, dass viele Menschen zu Trägern dieser Strahlen werden könnten, wie bereits im Abschnitt über das 15. Chakra (siehe Seite 106 ff.) näher ausgeführt.

Der **diamantfarbene Strahl** umfasst verschiedene Qualitäten, die für eine Reinheit sorgen, die ihresgleichen sucht. Daher bietet er sich vor allem für das 11. Chakra an, in dem sich viele negative Energien ansammeln. Der diamantfarbene Strahl trägt die Herzensqualitäten der Reinheit, der Klarheit, der Eigensinnigkeit und der Annahme auf einer Ebene, die für die Zukunft maßgeblich sein wird. Er fungiert als Kanal für die Erzengel Gabriel und Hope.

Der **kupferfarbene Strahl** bringt Frieden und Gleichgewicht; er ist mit dem roten und mit dem grünen Strahl verschmolzen und schenkt Liebe, Harmonie, Heilung und Erlösung. Die neuen Erzengel Sabatiel und Tavantariel arbeiten durch diesen Strahl.

Klärung von Rana Tanyo

Um eine reine Kommunikation mit dem Kosmos zu ermöglichen und das 11. Chakra von Fremdenergien zu reinigen, kann es mit der folgenden Übung gesäubert werden:

1. Erstelle die Achse und ermittle, wo sich dein 11. Chakra befindet.
2. Bitte um eine Kontrollrose. Sieh sie dir an.
3. Bitte zuerst den kupferfarbenen Edelsteinstrahl, in deinem 11. Chakra zu wirken. Dieser bringt die liebenden Qualitäten dorthin zurück..
4. Beobachte die Rose genau. Wie sieht sie jetzt aus?
5. Bitte nun den diamantfarbenen Edelsteinstrahl, in deinem 11. Chakra zu wirken. Dieser klärt es. Beobachte zur Kontrolle die Rose.
6. Fülle das Chakra mit gold-weißem Licht aus der Quelle auf und schließe es so weit, wie es dir angenehm ist, oder setz deine Rose auf das Chakra und sage: „Gleiche dich an."
7. Bedanke dich für den Beistand.

Das göttliche Dreieck

Um dein 11. Chakra noch mehr zu entlasten, kannst du es mit der folgenden Übung bis in die Tiefe reinigen:

1. Erstelle die Achse und ermittle, wo sich dein 11. Chakra befindet. Bitte um die Kontrollrose.
2. Falte deine Hände wie zu einem Gebet und halte sie in Brusthöhe, sodass deine Arme ein nach unten hin geöffnetes Dreieck bilden.
3. Stell dir eine goldene Leinwand in einem Meter Entfernung vor.
4. Bitte um das göttliche Dreieck in Purpurrot und Blau.
5. Lass all deine Aggressionen aus dem 11. Chakra in das Dreieck hineinfließen und sage: „Göttliches Dreieck, ich bitte dich, fließe hinein in dich alles, was negativ ist, zum Wohle meiner und allem, was da ist."
6. Beobachte oder visualisiere, wie das Dreieck durch die aufgenommenen Energien zunimmt und/oder sich dunkler färbt.

7. Wenn der Vorgang abgeschlossen ist, stell das Dreieck auf den Kopf; setz eine violett-rosafarbene Flamme darunter.
8. Gestatte dem Dreieck, die transformierten Energien in die Flamme abzugeben, bis es wieder in Purpurrot und Blau erstrahlt und/oder sich aufgelöst hat; bedanke dich für den Beistand.
9. Löse die Leinwand, die Rose und das Dreieck auf.
10. Fülle das 11. Chakra mit magentafarbenem Licht vom Band der bedingungslosen Liebe oder mit gold-weißer Energie auf.
11. Schließe das Chakra so weit, wie es dir angenehm ist.

Übungen zum 12. Chakra – Ratinovinoa

„Das Öffnen des 12. Chakras ist etwas Besonderes. Es verbindet den Menschen mit der bedingungslosen Liebe der All-Einheit. Jeder Mensch ist in seinem Kern, in der Ur-Essenz, liebenswert und verdient es, respektiert zu werden.

Die Bindung an das Herz der Quelle bringt die Liebe auf die Erde zurück, denn das ist es, was sie jetzt am dringendsten braucht. Die Liebe der Quelle, der All-Einheit, der wahren Quelle und Macht. Die Menschen sollten sich für die Vielfalt, die sie erschaffen haben, lieben und ehren, denn alles ist göttlich im Menschen und verdient, geehrt zu werden. Bringt die Menschen zurück in die Liebe und die All-Einheit."

Telane

Anbindung an das Herz der Quelle

Wie Telane bereits erwähnt hat, ist dies ein besonderer Augenblick, daher sollte man sich auch angemessen darauf vorbereiten. Sorge dafür, dass du nicht gestört wirst. Schalte den Anrufbeantworter ein und stell die Türklingel aus, wenn nötig. Zieh ein Festgewand an oder ein besonders schönes Kleidungsstück. Lüfte den Raum und reinige den Platz, an dem du die Anbindung vornehmen möchtest. Zünde eine Kerze und Räucherwerk an (*Achtung:* Feuerschutz!) oder lass leise Musik laufen, wenn du magst.

Bitte bei Bedarf um Unterstützung und Schutz von deinen geistigen Helfern.

1. Erstelle nun die Achse mit einem goldenen Lichtkanal zur Quelle.

2. Geh in die Zentrierung und definiere deine Aura.
3. Bitte um eine Kontrollrose und sieh sie dir an.
4. Führe nun einen goldenen Faden vom 12. Chakra nach oben durch deinen Chakrenkanal, dein Kronenchakra, den goldenen Lichtkanal entlang, über die Sonne zum Herzen der Quelle und befestige ihn dort.
5. Lass das magentafarbene Licht vom Herzen der Quelle den Faden hinablaufen und fülle dein Herzchakra damit auf.
6. Beobachte deine Rose.
7. Wenn du möchtest, lässt du dein Herzchakra übersprudeln, bis dein gesamtes System angefüllt und von göttlicher Liebe durchdrungen ist.
   In Achtung und Liebe zum All-Einen, der Quelle.
8. Beobachte deine Rose. Wie sieht sie jetzt aus?
9. Verbinde das 12. Chakra mit den Handchakren und fülle sie mit dem magentafarbenen Licht auf.
10. Betrachte deine Rose; wenn sie dir gefällt, setz sie auf dein 12. Chakra und sage: „Gleiche dich an."
11. Bedanke dich für den Beistand und beende die Meditation.

Geben von Herzensenergie

Die nachfolgende Technik, mit der man gezielt Herzensenergie an Menschen und Orte geben kann, ist auch anderweitig geläufig. Sie wurde mir in diesem Zusammenhang von Telane erneut ins Gedächtnis gerufen. Wer möchte, kann es aber auch dem Kosmos überlassen, wem diese wunderbare Energie zukommen soll.

1. Stelle deine Achse, definiere deine Aura und geh in die Zentrierung.
2. Dreh deine Handflächen so, dass sie zueinander zeigen. Halte sie übereinander. Hebe die Hände nun so in Höhe des 12. Chakras (Brustbeins), als ob du eine Kugel halten würdest.
3. Visualisiere, wer oder was alles geliebt werden möchte und auf deiner Handfläche erscheint: Kinder, Eltern, Seelen,

Orte, Gaia und vor allem du selbst; es wird nur so viel Energie übermittelt werden wie nötig.

4. Lass deine Herzensenergie durch deine Hände strömen, bis du den Eindruck hast, dass der Vorgang abgeschlossen ist.
5. Wenn der Empfänger danach nicht von selbst von deiner Handfläche verschwindet, bitte um violetten Staub, der alles, was sich zwischen deinen Handflächen befindet, transformiert und auflöst.
6. Beende die Meditation.

Abbildung 4: Geben von Herzenergie

Übung zum 13. Chakra – Tikadiva

Öffnung von Tikadiva

„Um dieses Chakra zu öffnen, halte dein Kehlchakra eine Zeit lang geschlossen, es bedarf des Umbaus. Nutze diese Zeit und rede wenig und wenn, dann nur mit Bedacht. Verbinde dein Herz mit deiner Seele. Geh mit deiner Aufmerksamkeit in dein Herz, wenn du sprichst, und wähle die Worte der Liebe „könntest", „solltest" und „wolltest". Halte deine Gedanken rein, wenn du sprichst. Lege die alten Vorstellungen und Gedankenmuster ab, bewerte die anderen nicht, wenn du über sie sprichst. Es ist nicht deine Aufgabe, sie zu richten, sondern sie zu lieben. Sprich mit Liebe und dein Herz und dein Verstand werden sich öffnen."

Telane

Befolge die Übung über 21 Tage:

Sieben Tage des Schweigens,
sieben Tage des Liebens und
sieben Tage der Lehrzeit des Meisters

Sieben Tage des Schweigens

„Sieben Tage des Schweigens sollen dich lehren, dein Kehlchakra zu klären. Benutze jeden Morgen großzügig das goldene Licht der Quelle, um dein Kehlchakra zu reinigen und zu klären. Halte deine Gedanken dabei rein. Sprich wenig und mit Bedacht. Zügle deine Zunge; wenn sie mit dir durchzugehen scheint, bitte um Beistand von Erzengel Michael, die negativen Gedanken und Energien von dir fernzuhalten, dann ist es leichter."

Telane

Sieben Tage des Liebens

„Die nächsten sieben Tage dienen der Läuterung des Chakras. Bediene dich jetzt des pfirsichrosafarbenen Strahls der Vergebung von Sanat Kumara, dem obersten Lenker von Gaia. Denn die Erde trägt schwer an den negativen Gedankenformen der Menschen, sei kein Teil mehr davon. Der Strahl wird Vergebung und Liebe in dein Kehlchakra bringen, und du wirst sehen: Wenn du mit Liebe sprichst, wird diese Liebe zu dir zurückkehren. Halte deine Gedanken rein, bitte Erzengel Michael darum, dich zu unterstützen."

Telane

Sieben Tage der Lehrzeit des Meisters

Die letzten sieben Tage dienen zur Manifestation des purpurblauen Strahls der Einheit, der aus dem Wissen der Quelle stammt. Sprich folgende Invokation:

„Ich bitte den purpurblauen Strahl der Einheit,
des Wissens und der Quelle,
meine Körper und meine Chakren
zu reinigen und zu durchstrahlen,
damit ich in der Liebe der Einheit
der Gemeinschaft mit Eurem Wissen dienen kann.
So sei es!"
Telane

Wiederhole diese Invokation an sieben aufeinanderfolgenden Tagen und lass den Strahl mindestens fünf Minuten lang auf dich einwirken. Schließe das Chakra danach wieder, damit der Strahl sich dauerhaft bei dir verankern kann.

Bleib in der Demut, auch wenn es dir nicht gleich gelingt. Vielleicht gibt es Blockaden in deinem Chakra, die karmisch noch nicht gelöst wurden oder deren Lernaufgaben du noch nicht gemeistert hast. Beseitige sie und beginne noch einmal.

Du kannst folgende Affirmation zur Unterstützung sagen:

„Ich spreche mit der Liebe und dem Wissen der All-Einheit."

21 Tage der Transformation des 13. Chakras

	1. Tag	2. Tag	3. Tag	4. Tag	5. Tag	6. Tag	7. Tag
Gold							
Pfirsich-rosa							
Purpur-blau							

Übung zum 14. Chakra – Ra Do Ma Na

Öffnung von Ra Do Ma Na

„Die Öffnung beginnt mit der Anbindung an das allsehende Auge des Kosmos mit einer Kristall-Silberschnur. Halte dich in der Stille und in deiner Zentrierung. Begib dich auf deinen Platz im göttlichen Plan. Verbinde dich mit dem Kosmos und bitte die Quelle darum, dass man dir die Weisheit und den Einblick in den Kosmos gewähren möge.

Geh die Stufen zur Quelle hinauf und bitte die Quelle, dir das Tor zu zeigen. Wenn es so weit ist, wird man dir einen silbernen Schlüssel überreichen, mit dem du das Tor öffnen wirst. *Achtung:* Kristallkinder stehen oft am falschen Tor! Parallel dazu öffnet sich im Lichtkörper das 3. Tor im 14. Chakra (Galaktisches Auge) zu einem erweiterten Sehen der Wellen und Frequenzen des Kosmos.

Es ist Demut, mit dem Wissen der Gemeinschaft zu dienen, die die Tore öffnet – zum Wohle aller und keinem zum Schaden. Es wird der Zeitpunkt kommen, an dem alle Menschen für einen Bruchteil der Zeit die Tore öffnen werden, um die Wahrheit zu erkennen und zu begreifen. Dafür gilt die Vorbereitung."

Telane

Die sieben Tore der Erkenntnis

Dazu hat mir Telane Folgendes erklärt:

Das 1. Tor der Erkenntnis wird von Lichtarbeitern geöffnet.

Das 2. Tor der Erkenntnis wird von Indigomenschen geöffnet.

Das 3. Tor der Erkenntnis ist bei Kristallkindern geöffnet.

Die Tore der Erkenntnis 4 bis 7 sind geschlossen, weil sie als Hindernisse auf dem Weg der spirituellen Erkenntnis dienen, die sich die Seele mit ihrem Lichtkörper ausgesucht hat, um am Karmaspiel teilnehmen zu können. Wenn man alles sofort durchschaut, lassen sich die Lernaufgaben weniger gut umsetzen als bei Unwissenheit.

Bei Kristallkindern besteht diese Beschränkung beim 1. bis 3. Tor nicht, damit sie der Menschheit klar den Weg in die Zukunft weisen können. Aber die weiteren Tore sind bei ihnen geschlossen, damit sie zumindest einige Herausforderungen, die von dieser Dimension und Gaia bereitgehalten werden, erfahren und die gegenwärtigen Umstände und die Beweggründe der Menschen noch nachvollziehen können. Das geschah auf ausdrücklichen Wunsch der Quelle hin. Die Kristallkinder wären zwar in der Lage, diese Beschränkungen sofort aufzuheben, würden dies jedoch noch nicht verkraften. Die Flut an Informationen, die dann auf sie einströmte, würde sie völlig aus der Bahn werfen. Daher ist es unerlässlich, diesen Prozess sukzessive anzugehen und unter fachkundiger Anleitung vorzunehmen. Zu diesem Zeitpunkt haben sich Kristallkinder mit einem einzigen Ziel inkarniert: Sie wollen und sollen die Menschheit auf die neue Gesellschaftsform der fünften Dimension vorbereiten, das heißt, sie tragen dafür in ihrem Herzchakra schon die notwendigen Werte und Lichtkörperstrukturen. Diese sind allerdings bis zum Öffnen aller Tore großenteils in ihnen verborgen.

Viele Kristallkinder haben in jungen Jahren, bewusst oder unbewusst, den Wunsch, durch ihre künstlerischen Aktivitäten die Menschheit zu erwecken. Über ihre Werke transportieren sie die Botschaften, die sie selbst in sich tragen oder durch den engen Kontakt mit ihrem Geistführer erhalten haben. Dieser kann ein Einhorn oder ein Drache sein, der seine melancholischen Lieder, in denen tiefste kosmische Weisheit steckt, an einen jungen medialen Musiker weitergibt. Kristallkinder lieben es also, zu malen, zu musizieren und Theater zu spielen und dies auch später als Beruf auszuüben.

Um den Umbruch der Gesellschaft noch voranzutreiben,

wenden sich viele dem Sozialwesen, dem Umwelt- und dem Tierschutz sowie dem Rechtswesen zu. Auch wird der Wunsch nach einer klassischen Rollenverteilung und den damit verbundenen Werten wieder laut. Zum Erstaunen oder Entsetzen der Eltern erfreut sich der Beruf „Landwirt" ebenfalls großer Beliebtheit. Berücksichtigt man jedoch die anhaltenden Prophezeiungen vom Versiegen des Erdöls und dem endgültigen Zusammenbruch der Börse, erscheint ihre Wahl in einem anderen Licht. Außerdem sollte man bedenken, dass sie oft über ein intuitives Verständnis verfügen, was die großen Zusammenhänge und zukünftigen Ereignisse anbelangt, und insofern nicht unter den üblichen Ängsten und Zweifeln leiden.

Es scheint ein Umdenken in allen Gesellschaftsschichten stattzufinden, was den Lebenszweck an sich betrifft. Materielle Errungenschaften wie Auto, Haus und Urlaubsreisen, auf die ihre Eltern noch sehr großen Wert gelegt haben, spielen bei ihnen eine untergeordnete Rolle; ihre Wunschberufe sind eher auf das ausgerichtet, was der Gemeinschaft und dem Zusammenhalt dient und tatsächlich ihre Berufung darstellt.

Übung zum 15. Chakra – Rana Do Varo

Anbindung an die Monade und die eigenen Strahlen

Dies ist ebenfalls ein einzigartiger Augenblick, daher sollte man sich auch besonders darauf vorbereiten. Schalte den Anrufbeantworter ein und stell die Türklingel aus, wenn nötig. Zieh ein Festgewand an oder ein besonders schönes Kleidungsstück. Lüfte den Raum und reinige den Platz, an dem du die Anbindung vornehmen möchtest. Zünde eine Kerze an (*Achtung:* Feuerschutz!) und Räucherwerk, oder lass leise Musik laufen, wenn du magst.

Bitte bei Bedarf um Unterstützung und Schutz von deinen geistigen Helfern.

1. Erstelle nun die Achse mit einem silbernen Lichtkanal zur Quelle.
2. Geh in die Zentrierung und definiere deine Aura.
3. Bitte um eine Kontrollrose und sieh sie dir an.
4. Bitte Erzengel Ismael, den Sitz des Chakras von allen alten Verbindungen zu säubern. Beobachte die Rose.
5. Bitte nun um die Anbindung an *deinen* Hauptstrahl und *deine* Monade. Wenn du möchtest, verwende die folgende Invokation, die von Telane übermittelt wurde: „Ich bitte um die Anbindung meines Höheren Selbst, der Monade und des Strahls, denen ich gelobt habe zu dienen!" (Telane) Beobachte die Rose.
6. Bitte darum, dass man dir dein Haupttor zum Strahl zeigen möge.
7. Öffne das Tor mit dem Schlüssel, der um deinen Hals hängt, sofern du der All-Einheit dienen möchtest.

8. Nimm das Licht des Strahls in dich auf und
9. gelobe, es zu tragen, wenn du möchtest. Beobachte die Rose.
10. Lass das Tor offen, wenn es dir angenehm ist. Wie sieht die Rose jetzt aus?
11. Kehre zurück in deinen physischen Körper im Hier und Jetzt.
12. Hat sich eine silberne Schnur zu deiner Monade gebildet? Wenn nicht, versuche es später noch einmal.
13. Wie sieht deine Rose jetzt aus? Wenn sie dir gefällt, setz sie auf das neue Chakra und sage: „Gleiche dich an."
14. Bedanke dich bei deiner geistigen Führung und beende die Meditation.

Bei dieser Meditation kann alles Mögliche geschehen; was, das ist vorher nicht festgelegt. Die Anbindung an die Monade und die göttlichen Strahlen so wie bei Johannes kommt der Realität sehr nahe, daher ist die obige Übung nur in groben Zügen wiedergegeben.

Abstieg der viert- und drittdimensionalen Chakren

Meiner Erfahrung nach steigen die viertdimensionalen Chakren von selbst an die richtige Stelle ab, sobald man sich von den alten energetischen Blockaden, die dort saßen, befreit und die dazugehörige spirituelle Erkenntnis in sein Denken und Handeln integriert hat. Dies scheint auch die Vorgehensweise zu sein, die mit einem Mindestmaß an Schmerzen verbunden ist, weil sich unser Energiesystem allmählich umbauen kann. Daher bitte ich meine Kursteilnehmer immer darum, den Chakrenabstieg nicht zu erzwingen. Durch ein anfängliches Scheitern an den Lernaufgaben „spiritueller Ehrgeiz" und „Hochmut" wird man sonst ausgebremst.

Eine Kursteilnehmerin erlebte den Umbau von *Tikadiva* überdeutlich. Sie berichtete mir, dass sie an ihrem Schreibtisch im Büro saß und genau fühlte, wie ihr jemand den Hals öffnete, fünfzehn Minuten daran arbeitete und ihn dann wieder schloss. Sie sagte, dass es absolut real gewesen sei. Danach konnte sie mehrere Tage lang nicht sprechen und musste zu Hause bleiben.

Es sei außerdem erwähnt, dass die höheren Chakren nicht unbedingt nacheinander absteigen müssen und sich ihre Position später noch leicht verändern kann. Daher ist es am einfachsten, zu Beginn der Meditation festzustellen, wo sich das jeweilige Chakra gerade befindet. Dort sollte man auch mit ihm arbeiten und sich nicht allzu viele Gedanken über den Grund machen.

Außerdem ist es ratsam, die drittdimensionalen Chakren erst dann bewusst in die Füße und Beine zu ziehen, wenn man sicher ist, dass die viertdimensionalen Chakren alle an ihrem neuen Platz und einsatzbereit sind. Im Übrigen lassen sie sich nicht so leicht oder überhaupt nicht verlagern. Wenn es aber erst so weit ist, kann man die nachfolgende Meditation durchführen:

Dies ist ein weiterer Meilenstein im Umbau des Lichtkörpers, daher sollte man ihn auch entsprechend würdigen. Schalte den Anrufbeantworter ein und stell die Türklingel aus, wenn nötig. Zieh ein Festgewand an oder ein besonders schönes Kleidungsstück. Lüfte den Raum und reinige den Ort, an dem du die Anbindung vornehmen möchtest. Zünde eine Kerze (Achtung: Feuerschutz!) und Räucherwerk an oder lass leise Musik laufen, wenn du magst.

Bitte bei Bedarf um Unterstützung und Schutz von deinen geistigen Helfern.

Übung: Chakrenabstieg

1. Erstelle nun die Achse und definiere deine Aura.
2. Geh in die Zentrierung.
3. Überprüfe, ob alle viertdimensionalen Chakren an ihrem neuen Platz sind:
   - das 9. Chakra über dem 1. Chakra;
   - das 10. Chakra hinter dem 2. Chakra;
   - das 11. Chakra hinter dem 3. Chakra;
   - das 12. Chakra hinter dem Herzchakra;
   - das 13. Chakra hinter dem Kehlchakra;
   - das 14. Chakra im Dritten Auge und
   - das 15. Chakra links neben dem Kronenchakra.
4. Wenn sich alle Chakren an ihrem neuen Platz befinden, kannst du fortfahren, indem du das 8. Chakra mit beiden Händen ins neue Kronenchakra ziehst oder aber darum bittest, dass das 8. Chakra mit deinem 15. Chakra verschmelzen möge, damit sich dein Höheres Selbst und deine Monade miteinander verbinden.
5. Fühlt sich dies energetisch gut für dich an, kannst du fortfahren und die drittdimensionalen Chakren absteigen lassen. Dabei ist es unerheblich, ob alle Chakren in beide

Beine oder in ein Bein absteigen oder ob sie sich verteilen. Überlass es ganz deinem Energiesystem, wie es sein wird; es hat einen Sinn, warum die Chakren gerade diese Position einnehmen.

- Das 1. Chakra wandert ins Fußchakra (links, rechts oder beidseitig);
- das 2. Chakra in die Knöchel:
- das 3. Chakra in die Unterschenkel;
- das 4. Chakra in die Knie:
- das 5. Chakra oberhalb der Knie:
- das 6. Chakra in die Mitte des Oberschenkels und
- das 7. Chakra in die Leiste.

6. Bedanke dich bei deiner geistigen Führung und beende nun die Meditation.

An den nächsten drei Tagen überprüfe, ob alle Chakren noch an ihrem neuen Platz sind, oder zieh sie vorsichtshalber noch einmal dorthin. Wie gesagt, dein System weiß sehr genau, warum es bestimmte Dinge noch nicht umgesetzt hat.

Sollte sich ein drittdimensionales Chakra nicht verlegen lassen, bitte deine geistige Führung, dir den Grund dafür zu nennen, damit du den Platz für das Chakra vorbereiten kannst und es sich problemlos an seinen vorgesehenen Standort begeben kann. Fühlt sich alles richtig für dein System an, dann genieße den Augenblick, in dem du zum ersten Mal in diesen neuen, herrlichen Farben schwingst.

Tago nurio, vido talama!
Denn die Ehrlichen sind die Gerechten!
Telane

Dank

Mein Dank gilt

- meinen Seminarteilnehmern: Durch ihre Umsetzung der Durchsagen habe ich all dieses Wissen zusammentragen und erproben können;
- Anja Fietz für ihr bedingungsloses Vertrauen in meinen Weg, die fortwährende Unterstützung und das Lektorat;
- Matthias Bruhn für die genaue Umsetzung der Symbole sowie seine liebevolle, andauernde Begleitung und den Ansporn, dieses Projekt mit Erfolg zu Ende zu bringen;
- Leiv Donnan, der sich meiner Skizzen angenommen hat und mich mit seinen Lebensweisheiten bereichert und mit seinen wunderbaren Geschichten zum Lachen gebracht hat;
- allen anderen, die immer an mich geglaubt haben,
- und meiner geistigen Führung, der ich eigentlich nicht zu danken brauche, denn sie sehen direkt in mein Herz.

Danke euch allen.

Glossar

Dies ist eine Auswahl der verwendeten Fachbegriffe. Weitere Informationen lassen sich auch im Internet finden.

Auflösen: siehe Vergebung

Achtes Chakra: Das 8. Chakra ist auch unter dem Begriff „Seelenstern" bekannt. Es befindet sich über unserem Scheitel in 50 Zentimetern bis 1 Meter Höhe, ist von goldener Farbe und das Zentrum der individuellen Energiequelle des Menschen. Dieses Chakra ermöglicht uns die direkte Verbindung zu unserem Höheren Selbst, gewährt uns die Einsicht in alle Aspekte des spirituellen, mentalen und emotionalen Körpers, in unsere Vergangenheit, unsere Gegenwart und unsere Zukunft. Weitere Aufgaben umfassen das Sammeln, Sortieren, Reinigen und die Neuausrichtung unserer und fremder Energien.

Astralecho: Als Astralecho bezeichne ich ein Bild oder eine Bilderfolge, die Hellsichtige aus der Astralwelt abrufen können, um sich Zusammenhänge und Vorkommnisse aus den Vorleben und Parallelwelten eines Menschen zu verdeutlichen.

Avatar: nach dem Sanskrit: Herabkunft; das Erscheinen Gottes auf Erden in einer von ihm frei gewählten Form, was dazu dient, den Menschen den rechten Weg zu weisen. Es ist eine Inkarnation des göttlichen Bewusstseins auf Erden. Dieser Ausdruck wird von mir für die Menschen verwendet, die die göttliche Aufgabe übernommen haben, als Kanal das nötige Wissen für die Menschheitsentwicklung auf die Erde zu bringen.

Elohim der Gnade: Strahlenwesen aus der 12. Dimension, die die Aufgabe haben, in den Feldern der Menschen zu wirken, um dadurch die Überreste des Karmaspiels vollständig aufzulösen und zu transformieren, sodass der Lichtkörper auf die neuen Werte der Gesellschaft optimal vorbereitet sind.

Hauptstrahl: Art und Weise wie eine Seele in diese Dimension gelangt, wird unterschiedlich ausgelegt. Mir hat Erzengel Uriel es in Kürze so verdeutlicht: Die Seelen gelangen über einen der 24 göttlichen Strahlen in diese Welt, wobei die ersten zwölf Strahlen derzeit aktiviert sind, die weiteren folgen sukzessive zum Aufstieg in die weiteren Dimensionen. Dabei trägt jeder Strahl bestimmte Qualitäten der Quelle, die es umzusetzen gilt. Eine Seele sucht sich, je nach Neigung, Bestreben sowie Erfahrung, einen bestimmten Strahl aus und legt so die Umrisse ihres Daseins für die kommende Dimension fest. Daher wundert es nicht, dass viele der Indigo- und Kristallkinder anscheinend genau wissen, wo sie arbeiten und leben werden. Um vollständige Erfüllung in ihrer Inkarnation zu finden, benötigt die Seele allerdings noch ein oder zwei der Qualitäten und Aspekte der anderen Strahlen. Da die Inhalte dieser zusätzlichen Strahlen aber nicht allesamt integriert werden, bezeichne ich diese als „Nebenstrahlaktivitäten".

Herren des Karmas: drei oder aber auch fünf Energien, die für uns unterschiedliche Gestalt annehmen können. Sie verwalten für jede Seele die Aufzeichnungen aus dem Karmaspiel in der sogenannten Akasha-Chronik.

Holografisches Gitternetz: „Gitternetzwerk, das die Erde umgibt, aber auch durchdringt. Eine stehende Welle mit der kosmischen Frequenz 71,978, auf der die Visionen und Möglichkeiten der Menschheit manifestiert werden, um Inkarnationen zu ermöglichen. Für das normale Auge ist es in der dritten Dimension nicht fassbar, aber fühlbar." (Erzengel Michael)

Karmische Strukturen: Darunter verstehe ich einerseits die meist gräulich oder schwarz aussehenden Gebilde wie Implantate, Platten, Luken, Haltegriffe, Steine, geometrische Formen und Kristalle, um nur einige zu nennen. Wir tragen sie alle in unseren Lichtkörpern, und sie sind für Hellsichtige und Hellwissende leicht zu erkennen, da sie als Erkennungsmerkmal innerhalb des Karmaspiels dienen. Je nach Lernauftrag hat man zum Beispiel kleine, mittelgroße oder große Platten für die Themen „Hass, Rache und Habgier" oder „Freude, Barmherzigkeit und Opferhaltung" im Lichtkörper eingebaut. Dadurch sollte das jeweilige Gegenüber den Anderen als Lernpartner erkennen und das Spiel konnte beginnen. Mit dem Prozess der Gnade und der Vergebung werden diese karmischen Strukturen zunehmend aus den Schichten der Körper erlöst und entfernt. Damit schaffen wir Platz für neue Strukturen, die meistens helle oder kosmische Regenbogenfarben aufweisen und stattdessen installiert werden. Um kurz die wichtigsten anzugeben, die mir immer wieder bei Auflösungen aufgefallen sind: drei goldene konzentrische Kreise für das Herzchakra mit den dazugehörigen drei Herzkristallen in zartem Rosa wie Kristallquarz, die sich im Allgemeinen wie aus einem Guss in die Kreise einfügen. Anschließend hat der Träger dieser drei Kristalle kaum noch Schwierigkeiten, das Thema „Selbstliebe" umzusetzen. Die Herzkristalle befinden sich zuvor oft bei Personen, die mitunter eine wichtige Rolle, ob positiv oder negativ, in unserem Leben gespielt haben. Weitere wünschenswerte Strukturen sind eine Art Lampe bzw. Licht, die wir von der Quelle im Gegenzug für unsere leeren Karmabücher erhalten. Das Licht symbolisiert die Lebensaufgabe für die aktuelle Inkarnation. Zur Umsetzung der Lebensaufgabe folgen Landkarte, Kompass, Zirkel und Lineal, damit man sich auf dem Weg dorthin auch zurechtfindet. Meist kommen neue Geistführer, Krafttiere und Gegenstände wie besondere Kleidungsstücke, Lichtkugeln, Lichtstäbe und Lichtschwerter hinzu. Die Liste lässt sich unendlich fortführen.

Kundalini: blendend weiße Energie, die in unserem 1. Chakra bzw. 9. Chakra ihren Sitz hat. Diese Energie kann zum Beispiel durch Tantra oder spirituelle Weiterentwicklung wachgerufen werden. Die meisten Menschen im Westen setzen diese Energie allerdings nur frei, wenn sie sich in einer absoluten Notfallsituation befinden. Es ist die Energie, die uns zum Beispiel unbeschadet einen sicheren Ort erreichen lässt. In Zeiten von Burn-out und Dauerstress „schalten" Vielbeschäftigte diese Energie als Turbo zu, um den gesteigerten körperlichen und geistigen Anforderungen an ihrem Arbeitsplatz langfristig gerecht zu werden. Dies kann zu einem permanenten Kundalini-Brand führen, der den Chakrenkanal von innen ausbrennt.

Kymische Hochzeit: die Verschmelzung eines inkarnierten Seelenteils mit dem Rest der Seele. Dargestellt am Beispiel einer Seele, die aus drei Seelenteilen besteht – zwei weiblichen und einem männlichen: Die beiden weiblichen Seelenteile haben den Inkarnationszyklus bereits beendet. Es finden keine weiteren Inkarnationen statt. Der verbleibende männliche Seelenteil befindet sich im Gegensatz dazu noch in einer irdischen Existenz. Sobald sich dieser ebenfalls durch das Karmaspiel soweit entwickelt hat, dass er nicht erneut inkarnieren muss, findet die Kymische Hochzeit auf der energetischen Ebene statt.

Lichtkörper: Der Einfachheit halber habe ich mir angewöhnt, den Kursteilnehmern Folgendes zum Thema „Lichtkörper" zu vermitteln: Erster und einzig mit unseren physischen Augen sichtbarer Körper ist der stoffliche Körper. Die folgende körperliche Schicht, die den stofflichen Körper umgibt und nur manchmal als Lichthülle wahrnehmbar ist, ist der Emotionalkörper, den ich auch als „Inneres Kind" bezeichne. Diese Schicht ist von großer Bedeutung, da in ihr die Glaubenssätze und -muster sowie alle emotionalen Erfahrungen aus allen Leben abgespeichert sind. Werden die emotionalen Erfahrungen, die Glaubenssätze und Glaubensmuster verdrängt, bahnen sie sich ihren Weg in das Bewusstsein des Menschen, und zwar über die entsprechenden Krankheiten auf körperlicher Ebene. Daher können Affirmationen und das Auflösen von Glaubenssätzen Krankheitsverläufe positiv beeinflussen. Die dritte körperliche Schicht bildet der Menalkörper, in dem unser Denken, unser Ego beheimatet ist. Es hat zum einen die Aufgabe, uns mit Zweifeln und Angst in der Trennung zu den restlichen Körpern und den damit verbundenen Erkenntnissen zu halten. Aber zum anderen soll unser Verstand uns vermitteln, dass wir uns nicht absichtlich in Gefahr bringen und zum Beispiel vor ein fahrendes Auto werfen. Die vierte körperliche Schicht ist der spirituelle Körper, auch „Lichtkörper" genannt, in dem sich die karmischen und galaktischen Strukturen befinden. Ich fasse allerdings die zweite bis vierte Schicht unter dem Oberbegriff „Lichtkörper" zusammen, da man mit der hier vorgestellten Chakraarbeit in allen drei Körpern zugleich arbeitet.

Monade: Synonym für „Seelenfamilie"

Seelenzwilling: Laut Durchsage von Erzengel Uriel spalten sich Seelen in bis zu neun Anteile auf, wobei die Verteilung der „Geschlechter" nicht willkürlich erfolgt, sondern vorher genau nach den karmischen Verträgen festgelegt wird.

Transmutation: das Überführen einer Energieform von einer niederen in eine höhere Vibration bzw. Schwingung mittels der violetten Flamme

Vergebung: Um den Auflösungsprozess der karmischen Strukturen zu erleichtern, verwende ich den Begriff „Vergebung" nur im Sinne von „Ich lass dich los, ich befürworte jedoch nicht, was du mir angetan hast" (im Gegensatz zum Verzeihen).

Zentrierung: Als „Zentrierung" bezeichne ich den Zustand, in dem die eigene Aufmerksamkeit und das Denken hundertprozentig bei einem selbst verbleiben. Idealerweise weilt die Aufmerksamkeit dann im Dritten Auge, das heißt über der Nasenwurzel in der Mitte der Stirn.

Literaturverzeichnis

Avalon, Claire: *Die zwölf göttlichen Strahlen und die Priester aus Atlantis*, Smaragd Verlag, 2001

Kessler, Christina: *Herzensqualitäten. Die Intelligenz der Liebe*, Integral Verlag, 2005

McLaren, Karla: *Your Aura & Your Chakras: The Owner's Manual,* Samuel Weiser Inc., York Beach 1998

Mittwede, Martin: *Spirituelles Wörterbuch*, Sathya Sai Vereinigung e.V., 2010

Morf, Brit: *Countdown 2012. Ein Report aus der Zukunft*, Silberschnur, 2001

Prophet, Elisabeth Clare: *Seelenpartner & Zwillingsseelen. Die spirituelle Dimension der Liebe und unserer Beziehungen*, Silberschnur, 2006

Tashira Tachi-ren: *Der Lichtkörper-Prozess*, Edition Sternenprinz, 2009

Virtue, Doreen: *Die neuen Engel der Erde*, Ullstein Tb, 2008

Kontakt

Falls Sie der Autorin schreiben möchten oder einfach nur Informationen zu (Messe-)Vorträgen und Workshops erhalten wollen, wenden Sie sich bitte an:

Nicole Valentine
Volgersweg 58
30175 Hannover
info@nicolevalentine.de
www.nicolevalentine.de

Über die Autorin

Nicole Valentine, geboren in Hamburg, hat nach ihrer Ausbildung im Hotelfach vier Jahre lang als Zahlmeisterin auf einer privaten Superjacht die Weltmeere bereist. Sie verbrachte einige Jahre in Barcelona und in den USA, wo sie sich zur manuellen Therapeutin ausbilden ließ und eine eigene Praxis führte. Sie spricht fließend Englisch und Spanisch. Seit 2002 lebt sie in Hannover und eröffnete Anfang 2004 als staatlich geprüfte Heilpraktikerin das Institut für ganzheitliches Heilen. Mit der Entfaltung ihrer medialen Fähigkeiten erstreckt sich ihr Wirken inzwischen auch auf den feinstofflichen Bereich in Form von Reinkarnationsarbeit, Geistheilung und Energetischem Marketing.

Seit 2004 befasst sie sich intensiv mit den Basischakren (1 bis 8) und gibt ihr Wissen seit 2006 in Seminaren an die Menschen weiter. Im Jahr 2007 erhielt sie über den atlantischen Priester Telane die Durchsagen und Symbole zu den neuen Chakren für den Übergang (9 bis 15). Durch ihre therapeutische Arbeit mit den „Neuen Kindern" erkannte sie das Bedürfnis nach einem energetisch ungestörten Schlaf und entwickelte mithilfe der geistigen Welt die Ni-Ma® Bettwäsche.

Im kosmischen Sinne ist sie Walk-In, Indigo, Sternenmensch und ein Avatar des Aufstiegs. Aufgrund ihrer Vielseitigkeit und Offenheit steht sie Erzengeln, Aufgestiegenen Meistern, atlantischen Energien sowie außerirdischen Lichtwesen und Elementaren gleichwohl zur Verfügung.